本书是国家社会科学基金重大项目"双循环"新格局下现代流通体系创新及高质量发展路径研究(项目编号:21&ZD120)和国家自然科学基金青年项目经销商主动与被动揭发:双重动机与双重关系压力(项目编号:72202027)的阶段性成果。

营销渠道中的横向治理

周　晶　编著

大连理工大学出版社

图书在版编目(CIP)数据

营销渠道中的横向治理 / 周晶编著. -- 大连：大连理工大学出版社，2025.1
ISBN 978-7-5685-4724-6

Ⅰ．①营… Ⅱ．①周… Ⅲ．①经销商－销售管理
Ⅳ．①F713.3

中国国家版本馆 CIP 数据核字(2023)第 198191 号

YINGXIAO QUDAO ZHONG DE HENGXIANG ZHILI

大连理工大学出版社出版
地址：大连市软件园路 80 号　邮政编码：116023
营销中心：0411-84708842　84707410　　邮购及零售：0411-84706041
E-mail：dutp@dutp.cn　　URL：https://www.dutp.cn
大连图腾彩色印刷有限公司印刷　　大连理工大学出版社发行

幅面尺寸：163mm×230mm　　印张：10.75　　字数：155 千字
2025 年 1 月第 1 版　　2025 年 1 月第 1 次印刷

责任编辑：朱诗宇　　　　　　　　　　责任校对：张　娜
封面设计：张　莹

ISBN 978-7-5685-4724-6　　　　　定　价：99.00 元

本书如有印装质量问题,请与我社营销中心联系更换。

前　言

　　经销商揭发指在制造商-经销商群体背景下,经销商将渠道网络中其他经销商的违法、不道德或违规等错误行为向制造商报告的行为。经销商揭发的现象在营销实践中是普遍存在的。例如,在白酒业中,产品造假的现象在市场上时有发生,贵州茅台也深陷其中,在这一背景下涌现出茅台经销商向厂商举报其他经销商销售假酒的现象。同样,在某次对某厂商各渠道经理进行访谈时,我们了解到他们也经常会收到经销商们相互之间的揭发,比如举报对方突破价格底线或者窜货等。

　　经销商揭发普遍存在的原因来自两个方面:一方面是受到信息不对称的限制,加之企业的资源和精力总是有限的,仅依赖渠道管理企业一方的纵向治理方式的效果是有限的,这为经销商揭发其他经销商的错误行为提供了可能。另一方面是相较于制造商,经销商之间由于市场活动范围更相近,更容易发现彼此的错误行为,进而产生揭发。

　　尽管渠道揭发现象非常普遍,且能够有效帮助渠道管理者抑制渠道成员的错误行为,减少渠道损失,弥补纵向的渠道治理机制在信息不对称方面的局限,但学界对这一行为的研究却十分有限。目前围绕揭发的研究主要集中于组织行为领域,探讨企业内部的员工揭发行为。因此,营销渠道研究存在以下主要理论缺口亟需解决。第一,以往的渠道治理研究忽略了网络中其他成员在治理中发挥的作用。传统渠道治理研究主要关注组织间关系(如制造商-经销商关系和买方-供应商关系),致力于发展纵向的、二元的治理机制。尽管这些研究对如何抑制渠道成员的错误行为提供了深刻启示,并具有深远影响,但他们忽略了渠道网络中被治理的渠道成员之间的互动。第二,营销渠道行为研究缺少对渠道揭发行为的驱动因素的探索。尽管我们从新闻和访谈中得知渠道揭发现象十分普遍,但鲜有营销渠道学者关注到这一行为,因此我们对渠道揭发行为的影响因素的认识是非常有限的。第三,营销渠道研究的另一个理论缺口存在于渠道揭发行为的影响结果方面。由于鲜少有学者关注到渠道揭发行为,所以营销渠道领域关于渠道揭发的影响结果的认识也是非常有限的。

为解决营销渠道研究的理论缺口,本书旨在制造商-经销商群体的渠道背景下,关注经销商将观察到的渠道网络内其他经销商的错误行为报告给制造商的揭发行为,并回答以下三个问题:第一,为了弥补渠道治理研究传统纵向与二元视角的不足,本书聚焦于依托横向网络的渠道揭发行为。具体而言,本书关注制造商-经销商群体结构下的经销商揭发行为,回答什么是经销商揭发。第二,为了弥补营销渠道领域中渠道揭发行为驱动因素研究的理论缺口,本书将回答经销商揭发行为的影响因素有哪些。具体而言,本书依托亲社会行为理论构建研究框架,考察经销商的人格特征、认知要素与情感要素对其揭发行为的影响。第三,为了填补营销渠道领域中揭发行为影响结果研究的理论缺口,本书将回答经销商揭发行为对其与制造商关系的影响。具体而言,本书讨论经销商揭发对经销商-制造商关系质量的影响,并考察这一影响的边界条件。

为回答这三个问题,我们分别进行了一个探索性定性研究(研究一)和两个定量实证研究(研究二和研究三)。尽管组织行为领域的员工揭发研究为我们提供了丰富的文献基础,但尚未有研究在渠道背景下检验渠道成员的揭发行为,因此本书首先采用访谈的方式来获取更丰富的关于经销商揭发行为的理解。具体而言,我们的访谈有四个主要目的:确认经销商揭发行为的表现形式;理解经销商揭发的性质和动机;初步了解经销商的驱动因素;初步了解经销商揭发的影响结果。研究二关注亲社会行为视角下经销商揭发的驱动因素。本书主要根据大五人格理论、交易成本理论、资源依赖理论、权力-依赖理论和关系交换理论,结合营销渠道研究,发展经销商的人格特征(经销商责任感)、认知要素(经销商专用资产投入和经销商与制造商的依赖结构)与情感要素(经销商信任与制造商投机)对经销商揭发影响的研究假设,并采用定量研究的方法对假设进行检验。此外,研究二进一步对认知要素、情感要素各自的影响因素的交互作用,以及人格特征、情感要素与认知要素之间影响因素的交互作用进行补充检验。研究三关注亲社会行为视角下经销商揭发的影响结果。本书主要关注经销商揭发对其与制造商的关系质量的影响。同时,根据揭发行为研究的情境依赖观与心理框架理论,本书以两个交易背景要素——经销商专用资产投入和市场不确定性,作为制造商的两个心理框架参考线索,提出他们对经销商揭发对揭发经销商-制造商关系质量影响的调节作用,并采用定量研究的方法对假设进行检验。

本书的主要研究发现如下:探索性定性研究发现经销商揭发经常发生,且被揭发的错误行为涵盖产品、价格、渠道和促销四个方面。受访者们确认了经销商的自发性与利他性,同时提出了经销商揭发的内部与外部动机。同时,受访者们关于经销商揭发的影响因素和作用结果的认知也与本书的定量结果相一致。研究二发现,作为经销商的主要人格特征,经销商的责任感可以促进经销商的揭发行为;作为经销商分析成本-收益的基本工具,经销商的专用资产投入对经销商揭发行为具有正向影响;作为预测揭发效力的工具之一,经销商与制造商的相互依赖对经销商揭发行为具有正向影响;作为经销商感知的经销商-制造商间情感要素,经销商信任对经销商揭发行为具有正向影响,而制造商投机对经销商揭发行为具有负向影响。同时,交互效应检验的结果表明在认知要素内部,经销商的专用资产投入与经销商和制造商的相互依赖具有负向的交互效应;在情感要素内部,经销商信任与制造商投机具有正向的交互效应;在人格特征与认知要素之间,经销商责任感与经销商和制造商的依赖结构(包括相互依赖与相对依赖)具有正向的交互作用;在情感要素与认知要素之间,经销商信任与经销商专用资产投入具有负向交互作用,而经销商信任与经销商和制造商的相互依赖具有正向的交互作用。研究三发现经销商揭发对其与制造商的关系质量具有正向影响；经销商专用资产投入对经销商揭发与制造商-经销商关系质量的关系具有负向调节作用；市场不确定性对经销商揭发与制造商-经销商关系质量的关系具有正向调节作用。

基于研究发现，本书提供以下理论贡献。首先，渠道揭发行为的提出为渠道治理提供了新的洞见。传统的渠道治理研究从渠道管理者的角度探索制造商在二元关系下应该采用何种治理手段监督渠道系统的运行。通过提出分销网络中包含揭发经销商、犯错经销商和接收揭发的制造商三方的揭发行为，本书将渠道治理的二元视角扩展到网络层面进行分析，为制造商实施渠道治理提供了新的思路。具体而言，本书采用定性访谈的方法回答经销商揭发行为的内容、性质、动机、驱动因素与影响结果。其次，本书根据亲社会行为理论构建了经销商揭发行为的研究框架，检验了经销商揭发的影响因素，深化我们对渠道揭发行为的理解，丰富渠道行为研究。再次，本书根据心理框架理论检验了经销商揭发对其与制造商的关系质量的影响以及交易风险的调节作用，扩展我们对渠道揭发行为的认识，丰富渠道行为的研究文献。最后，我们的研究将揭发行为的焦点从个人层面拓展到企业层面。尽管在现有的社会心理学、商业伦理和管理学领域研究中，揭发行为均引起了广泛的关注，但大多数研究关注的是个体的揭发行为。响应以往研究的呼吁，本书关注了营销渠道背景下的组织层面的揭发行为，拓展了揭发行为的研究。

编著者
2024 年 11 月

目　录

第 3 章　理论基础与概念框架 / 41

第 4 章　研究一：经销商揭发行为的探索性定性研究 / 49

第 7 章　理论贡献、管理建议与未来研究方向 / 116

第1章 引 言

>>>

1.1 研究背景与研究意义

1.1.1 研究背景

营销渠道是指"产品或服务从生产者向消费者转移所经过的路径"（庄贵军，2007；张闯，2012）。在营销实践中，制造商通常选择密集型渠道结构，即同时与多个渠道伙伴合作。在此情境下，渠道运行不仅涉及功能上相互依赖的制造商与渠道伙伴的合作（张闯，2020），也涉及承担相同功能的渠道成员（如图 1-1 中的经销商）之间的互动，而这种互动的典型表现之一，就是本书所关注的同一层级渠道成员之间的揭发行为。渠道揭发行为指渠道中的某一成员发现其他成员存在违法、不道德或违规等错误行为，而向渠道管理者报告的行为（张闯和周晶，2018）。揭发现象在营销实践中是普遍存在的。例如，在白酒产业的市场营销中，产品造假的现象时有发生，贵州茅台也深陷其中，在这一背景下产生茅台经销商向厂商举报其他经销商销售假酒的现象。同样，在本书的前期访谈中，一名汽车制造商的渠道经理表示："经销商之间的相互揭发是非常普遍的现象，我们,包括各个销售经理,经常能收到这些举报,比如窜货(跨区域销售或宣传)、压价(降低销售价格,超出厂商规定最低价)、抢客户(通过不正当手段抢夺大客户)等等。"

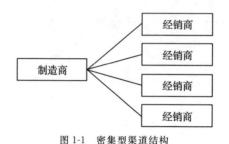

图 1-1 密集型渠道结构

渠道揭发现象的产生主要归因于两方面。

一方面,传统的渠道治理主要依赖于制造商单向的治理手段,而这样的二元纵向治理方式的效率是受限的。原因有三:第一,由于信息的不对称性,位于不同渠道层级的企业很难完全监管对方的行动(Crosno & Dahlstrom,2008),特别是那些故意避开制造商的错误行动,因此纵向的治理方式的效率是受限的。第二,当制造商同时与多个渠道伙伴合作时,例如制造商为扩大市场覆盖面与多家经销商合作时,复杂的渠道结构引起了更多的渠道问题,增加了渠道管理的难度(Lee & Griffith,2019;Wang,Gu & Dong,2013)。第三,制造商的精力是有限的,无法监管到渠道运行中的所有不当行为。因此,囿于二元研究范式,传统渠道治理研究忽视了渠道网络的影响,特别是被治理的渠道成员间形成的横向网络发挥的作用。

另一方面,被治理的处于同一横向网络中的渠道成员间的揭发行为是有可能的。原因有三:第一,相对于不同层级的渠道成员,位于同层级的渠道成员更容易发现彼此的错误行为(Hu,et al.,2016)。他们的市场活动范围更相近,基于市场竞争更关注彼此的行动,且他们之间的关系网络提升了信息的流动和交换(Dong,Zeng & Su,2019)效率,使他们更容易获取彼此行动的情报信息。第二,由于承担相同的渠道功能,同层级的渠道成员更能理解彼此的行动,因而也更容易识别彼此的错误行为。第三,由于渠道系统的运行与每一个渠道成员的利益息息相关,同层级的渠道成员可能出于对企业自身利益或整个渠道系统甚至社会责任的考虑,将观察到的破坏渠道运行的行为向渠道管理者揭发,协助渠道监督和管理。虽然在一般情况下,同层级的渠道成员之间没有约束彼此行为的权力,但当发现对方的错误行为后,渠道成员可以通过向制造商反映情况的方式揭发这一错误行为来维护渠道系统和渠道管理者的利益。

尽管渠道揭发现象屡见不鲜,却没有得到营销渠道学者足够的关注,使我们对渠道成员何时会采取揭发行为以及制造商如何对渠道成员的揭发行为做出反应的认识依然十分有限。对于渠道成员何时会采取揭发行为,我们观察到即使发现了渠道网络中的错误行为,也并不是所有渠道成员都会选择揭发,这是因为揭发行为具有一定的风险性。揭发可能引起被揭发企业的报复行为,这些报复行为可能是直接的,例如被揭发企业采取报复性防御行为;也可能是间接的,例如被揭发企业利用自己在渠道网络中的地位联合其他渠道成员排挤揭发渠道成员(Hu,et al.,2016),尤其在中国情境下,揭发行为常被看作"打小报告",更容易被视为对伙伴的背叛从而受到同伴的排挤(Park,Rehg & Lee,2005)。因此,在渠道实践中,渠道成员之间的不揭发甚至相互包庇也是常见的。例如2019年的"西安奔驰事件",在该事件中的奔驰4S店被曝出私自收取"金融服务费"后不久,很多其他奔驰4S店被查出存在相似的错误行为(新京报,2019)。这说明,在发现其他4S店的错误行为后,这些4S店没有选择揭发,反而进行了效仿。同样,在前期访谈中,一名家居行业经销商向我们透露:"我们经销商之间的信息流通是很快的,大家都在这个行业中,揭发了对谁都不好,我们也不愿意多管闲事。"

在制造商方面,目前企业管理人员对在渠道管理活动中应如何处理揭发行为往往感到十分困惑。一些企业明确提出鼓励渠道成员之间的相互揭发行为,例如贵州茅台集团曾表示会建立正式的激励系统来奖励那些揭发其他经销商销售假货行为的经销商(搜狐新闻,2019)。另一些企业则持观望态度,例如一名乳制品制造商的渠道经理在访谈中说:"对于如何应对这些情况(指经销商的相互揭发),公司没有制定相关规定或正式流程,上层也没给我们下达明确的命令,所以我们也是看情况处理,而且我们既不会鼓励也不会反对他们来揭发。"

因此,目前营销学者和企业管理人员关于如何理解和管理渠道成员的揭发行为尚未形成统一的认识。尽管渠道成员的相互揭发有助于渠道管理企业及时发现渠道中的错误行为并采取相应的措施,但由于揭发行为本身的复杂性,制造商对在渠道管理活动中如何理解和管理渠道揭发行为尚未明晰,这显然需要理论研究来进一步揭示渠道成员揭发可能产生的驱动因素及其对渠道关系的影响。

1.1.2 研究意义

尽管渠道揭发现象非常普遍,但营销渠道研究对此行为的关注却十分有限。因此,本书试图通过关注渠道揭发行为来解决营销渠道研究的以下理论缺口。

第一,以往的渠道治理研究忽略了被治理成员之间形成的横向网络的影响。由于对短期的、单方面的利益追求,渠道成员的错误行为是不可避免的(Brown,Dev & Lee,2000)。但随着时间的推移,这些错误行为会损害渠道伙伴的企业声誉和品牌形象(Hu,et al.,2016;Noordewier,John & Nevin,1990),破坏渠道关系的价值创造,增加渠道交易成本(Crosno & Dahlstrom,2008),降低渠道收益(Brown,Dev & Lee,2000),最终降低渠道关系满意度(Seggie,et al.,2013)。学者们根据成本交易理论、社会交换理论、委托代理理论、私人关系研究等提出了抑制渠道成员错误行为的治理机制。表 1-1 提供了对如何抑制渠道成员不当行为研究的概览。可以看出,传统渠道治理研究主要关注组织间关系(如制造商-经销商关系和买方-供应商关系),致力于发展纵向的、二元的治理机制,即讨论在同一条渠道链上相邻的渠道成员之间如何采取相应的治理机制抑制另一方的不道德行为。即使考虑到渠道网络效应,现有研究也只关注了其他网络成员(二元关系以外的渠道成员)的被动治理效应,例如二元关系中的惩罚机制如何抑制网络中其他成员未来的投机行为(Wang,Gu & Dong,2013),或者纵向网络嵌入治理机制(如制造商-批发商-零售商结构)(夏春玉,郭奇和张闯,2019)。

表 1-1 如何抑制渠道成员不当行为的研究

治理机制	示例性结论	代表性文献
契约	契约保护与渠道伙伴的投机行为存在负相关关系;详尽的契约可以抑制渠道伙伴的投机行为	Deeds & Hill,1998;Wuyts & Geyskens,2005
关系规范	组织间关系规范可以抑制渠道中的投机行为	Heide & John,1992;Tangpong,Hung & Ro,2010
信任	组织间信任水平与渠道投机行为存在负相关关系	Liu,Luo & Liu,2009;Wang,et al.,2016
监督	监督的水平与渠道伙伴的投机行为存在负相关关系	Kashyap,Antia & Franzier,2012
执行	严格的执行水平可以制止灰色市场事件	Antia,et al.,2006
激励	激励的量级和速度分别与渠道伙伴的投机行为存在负相关和正相关关系	Kim & Lee,2017
私人关系	私人关系可以抑制渠道伙伴的投机行为;私人关系与渠道伙伴投机行为呈 U 形相关关系	寿志钢,王进和汪涛,2018;Shen,Zhang & Teng,2019
焦点关系的惩罚机制	旁观渠道网络成员,感知焦点组织间惩罚的严重程度与其投机行为存在负相关关系	Wang,Gu & Dong,2013

尽管这些研究为如何抑制渠道成员的错误行为提供了深刻启示,并具有深远影响,但他们忽略了渠道网络中被治理渠道成员之间的互动。

当一个渠道成员同时与多个上级或下级渠道成员合作时,在此渠道网络中,同层渠道成员共同合作又彼此竞争,同时密集的网络结构促进了他们之间的信息交换(Wang,Gu & Dong,2013),因此这些网络成员,尤其是他们产生的信息溢出效应(Lee & Griffith,2019),在渠道治理中可以发挥非常重要的作用。例如,现有研究已经发现同层级渠道网络成员的地理聚集性、对彼此的了解(Butt,et al.,2018)以及彼此之间绩效的比较(Lee & Griffith,2019)等对渠道关系治理(例如感知公平、渠道绩效等)具有重要影响。

本书关注一对多的渠道网络关系(制造商-经销商群体),提出同层级渠道成员之间的揭发行为,弥补现有渠道治理研究的理论缺口。具体而言,在如图 1-1 所示的渠道结构中,制造商采取密集型渠道战略,同时与多个经销商合作,共同完成渠道任务。处于结构等价的经销商会更加关注彼此的行动(Clough & Piezunka,2020),他们之间对彼此错误行为的揭发能够帮助制造商有效管理此渠道网络,弥补一对一纵向监管的局限性,进而影响制造商的渠道关系治理效果。

第二,营销渠道行为研究缺少对渠道揭发行为驱动因素的探索。尽管我们从新闻和访谈中得知渠道揭发现象十分普遍,但鲜有营销渠道学者关注到这一行为,导致我们对渠道揭发行为的影响因素的认识是非常有限的。然而,了解渠道揭发行为的驱动因素,能够帮助制造商有效管理和利用这一行为,因此是十分必要的。本书试图通过检验渠道揭发行为的驱动因素弥补这一理论缺口,丰富渠道揭发行为的研究。具体而言,本书将根据以往组织行为领域的揭发行为研究和营销渠道研究探索渠道揭发行为的驱动因素。尽管员工揭发行为关注的是组织内部的、个人层面的揭发行为,而渠道揭发行为关注的是组织间的、企业层面的揭发行为,二者在具体表现形式以及占主导地位的动机(内部 V.S. 外部)等方面可能存在差异,但我们认为二者均属于亲社会行为。亲社会行为理论是员工揭发行为研究应用最广泛的理论基础之一(如 Andon,et al.,2018)。

同时,亲社会行为理论指出个体的亲社会行为不仅出自利他的内部动机,也可能出自利己的外部动机,这也十分符合渠道背景下的经销商揭发行为,即经销商揭发既可能出自想要帮助制造商的内部动机,也可能出自想要获取更多利益的外部动机。因此,亲社会行为理论应该是理解渠道揭发行为的重要理论视角。基于此,本书选取亲社会行为理论作为理论基础探索渠道背景下揭发行为的驱动因素,扩宽对渠道揭发行为的驱动因素的认识。

第三,营销渠道研究的另一个理论缺口存在于渠道揭发行为的影响结果方面。由于鲜少有学者关注到渠道揭发行为,营销渠道领域关于渠道揭发影响结果的认识也是非常有限的。但了解揭发行为的影响结果对制造商和经销商也是有意义的,因为这有助于制造商合理利用揭发,有助于经销商合理采取揭发行动。本书试图通过探索渠道揭发行为对渠道关系质量的影响和边界情境来填补这一理论缺口,进一步扩展对渠道揭发行为的研究。在渠道背景下,组织间关系质量常被用来衡量交换关系的绩效,它是企业间合作的核心,也是企业的主要竞争力,因而成为营销渠道学者与企业管理者最关心的关系交换结果之一(Palmatier,et al.,2006)。同时,现有研究表明揭发行为对结果的影响程度,如监测和终止错误行为、对揭发者的报复等,还要依赖于具体的情境。例如,揭发带来的对揭发者的同伴排斥依赖于旁观同伴对揭发行为的道德评判,积极的道德评判将削弱他们的排斥倾向(Curtis,et al.,2020)。这一观点与心理框架效应理论的主张相一致。根据心理框架效应理论,企业依赖外部环境特征来解读合作伙伴的行为,进而决定自己的反馈(Lumineau & Malhotra,2011),也就是说渠道揭发接收企业会根据渠道环境评估伙伴的揭发行为,进而影响揭发对二者关系质量的作用。基于此,本书将检验渠道环境特征对渠道揭发行为与渠道伙伴的关系质量的调节作用。

1.2　研究问题、研究方法与预期理论贡献

1.2.1　研究问题

为解决营销渠道研究的理论缺口,本书在制造商-经销商群体的渠道背景下,关注经销商将观察到的渠道网络内其他经销商的错误行为报告给制造商的揭发行为,并回答以下问题。

第一,为了弥补渠道治理研究传统纵向与二元视角的不足,本书聚焦于横向网络的渠道揭发行为。具体而言,本书关注制造商-经销商群体结构下的经销商揭发行为,回答什么是经销商揭发。制造商-经销商群体形成的分销网络为渠道揭发研究提供了适当的研究背景,这是因为生产企业作为营销渠道的最上游企业,通常作为渠道设计和管理者,负责选择渠道成员并维护渠道运行(张闯,2012)。密集型的分销渠道是制造商最为常见的渠道结构战略之一,会形成制造商-经销商群体的分销网络结构。例如,比亚迪集团在全国设有 760 家经销商,包括直营店和社会店,形成庞大的比亚迪汽车销售网络。在此渠道网络中,为获取短期利益,一心牟取私利的经销商可能利用信息不对称做出一些错误行为(Brown, Dev & Lee, 2000; Lumineau & Oliveira, 2020)。这些行为会侵害某些渠道成员的利益,破坏渠道秩序,给渠道系统甚至社会带来损失。虽然制造商可以通过合作前期签订完善的契约(Mooi & Ghosh, 2010; Schilke & Lumineau, 2018)和合作后期增大监督力度(Heide, Wathne & Rokkan, 2007; Murry & Heide, 1998)等方式来避免和管理这些问题,但一方面由于信息的不对称(Wathne & Heide, 2000),制造商无法制定完备的契约杜绝经销商的所有错误行为,也没有办法监督到分销网络运行中的所有细节;另一方面每种管理手段都会耗费较高的人力和时间资源,增加渠道管理

成本,抵消错误行为消减带来的好处。相反,经销商之间更容易获得关于彼此行动的信息(Lee & Griffith,2019),且分销网络系统的运行与他们自身的利益息息相关,因此他们可能出于对企业自身利益或整个渠道系统通畅性甚至社会责任的考虑,将观察到的其他经销商的错误行为揭发给制造商,协助渠道监督和管理。因此,关注经销商揭发帮助我们从横向网络视角为渠道治理提供新的思路。

第二,为了弥补营销渠道行为领域中渠道揭发行为驱动因素研究的理论缺口,本书将回答经销商揭发行为的影响因素有哪些。本书以亲社会行为理论为理论基础构建经销商揭发行为的概念框架,考察经销商的人格特征、认知要素与情感要素对经销商揭发行为的影响。具体而言,本书结合营销渠道研究与大五人格理论、交易成本理论、资源依赖理论、权力-依赖理论与关系交换理论提出具体的研究假设,分别讨论经销商责任感、专用资产投入、经销商-制造商依赖结构、经销商信任与制造商投机对经销商揭发的促进或抑制作用。

第三,为了填补营销渠道领域中揭发行为影响结果研究的理论缺口,本书将回答经销商揭发行为的影响结果是什么? 本书以亲社会行为理论视角检验经销商揭发对其与制造商的关系质量的影响。同时,根据揭发行为研究的情境依赖观(Curtis,et al.,2020)与心理框架理论,本书进一步检验渠道交易背景(指专用资产投入与市场不确定性)对此关系的调节效应。

1.2.2 研究方法

本书将主要采用营销渠道领域传统的问卷调查、访谈和专家意见等数据收集方法,并运用 SPSS 和 AMOS 等统计分析软件进行数据处理。

首先,本书通过访谈的方式进行预调研以及正式调研。在前期的预调研中,我们通过与食品饮料、家用电器及电子产品行业的制造商及经销商的高层管理人员的访谈发现,在这三个行业中,制造商通常采取密集型分销策略,且在分销网络中占据渠道管理者的角色。在这样的分销网络背景下,这些行业的经销商之间的揭发是广泛存在的,且被揭发的错误行为不尽相同。因此,预调研帮助我们确定了实证检验数据与研究内容的契合性。同时,由于揭发行为的研究基础主要来源于组织行为领域,而目前尚未有研究检验渠道背景下企业层面的揭发行为,本书还需要通过定性研究的方法确定渠道背景下渠道揭发行为的内涵和特征。因此,本书在正式研究中也采用了访谈的方式,通过对制造商及经销商的边界管理人员、高层管理人员或 CEO 等进行访谈,明确经销商揭发行为的内涵和特征,包括经销商揭发涉及的错误行为有哪些、经销商揭发的性质与动机,初步了解经销商揭发的驱动因素与影响结果,为后续的研究打下基础。

其次,本书遵循传统的营销渠道研究范式,采取问卷调查的方法收集数据。问卷调查法是管理学定量研究中使用最普遍的方法(如 Gu,Hung & Tse,2008;Lee & Griffith,2019),通过发放问卷,询问受访者问题,用量表测量研究的变量,最后对自变量与因变量之间的关系进行计算和分析,具有快速、有效、廉价等特点。问卷设计的过程中,最需要考虑的问题是量表的选择。第一种方式是沿用现有的量表,它具有两种优势:一是现有的量表经过反复使用和检验,会具有较高的信度和效度;二是高引用量的量表具有较高的认可度,即结果易被大家接受。但在沿用现有量表的同时也需要注意量表在不同研究中的适用性,包括概念上的、文化上的和样本上的。第二种方式是自行设计量表,这种方式一般发生在两种情况下:一种情况是现有的量表不存在或无法满足研究的需要;另一种情况是研究的目的是测量概念在其他文化中的应用。相对于成熟量表,自行设计的量表认可度较低,风险偏大。除渠道揭发与经销商责任感以外,本书的主要变量均选择成熟的量表。对于渠道揭发和经销商责任感的量表,我们遵循新量表开发的原则,结合访谈内容、组织行为领域研究和专家意见形成新的测量量表;对于其他变量,我们则严格遵守量表使用原则,在不改变原意的基础上进行修改以使量表测量更适用于本书的情境。

最后,本书运用 SPSS 和 AMOS 进行数据分析。遵循营销领域传统的数据处理范式(如 Gu,Hung & Tse,2008;Lee & Griffith,2019),我们运用 AMOS 软件对数据进行验证性因子分析,以检验数据的信度与效度,保证后续数据处理结果的可信性。在此基础上,运用 SPSS 软件对数据进行多元层次回归分析,包括对直接效应和交互效应的分析,对假设进行检验。

1.2.3　预期理论贡献

通过在渠道网络背景下探索渠道成员揭发行为的驱动因素与影响结果,希望能为营销渠道领域和揭发行为领域提供一定的理论贡献。

第一,本书提出渠道揭发行为的概念,解决现有渠道治理研究对被治理渠道成员形成的横向网络的忽视问题。传统的渠道治理研究主要以纵向的、二元的视角,检验渠道成员对其与上游或下游渠道伙伴的关系管理。更具体地,以往研究发现组织间的契约(Antia & Frazier,2001)、关系规范(Heide & John,1992)、信任(Wang,et al.,2016)等可以抑制渠道伙伴的不当行为。本书试图从横向的、网络的视角出发,提出经销商主动揭发其他经销商错误的行为,从而为渠道治理研究提供新的洞见。

第二,本书拓展对经销商揭发行为的驱动因素的认识。目前为止,尚未有研究检验渠道揭发行为的影响因素,本书根据揭发行为研究与亲社会行为理论检验经销商的人格特征、认知要素与情感要素对其揭发行为影响。由此,本书将加深渠道学者们对揭发行为的理解。

第三,本书拓展对经销商揭发行为的影响结果的认识。目前为止,鲜少有研究检验渠道揭发行为的影响结果。本书结合揭发行为研究与心理框架效应,检验经销商揭发行为对其与制造商关系质量的影响,以及交易背景的调节作用,进一步加深渠道学者们对渠道揭发行为的理解,同时也为渠道关系管理研究提供新的启示。

第四，本书将揭发行为研究从组织内部个体层面拓展至渠道内部企业层面。以往揭发行为研究主要关注组织内部的揭发，即揭发者是组织当前或之前任职的员工，揭发对象为组织中或组织的错误行为（Weiskopf & Tobias-Miersch，2016）。这些错误行为包括破坏组织内部环境的不当行为，例如员工偷窃、浪费资源，或领导歧视、不公平待遇等，和损害组织外部环境的不当行为，例如生产伪劣产品、伪造财务报告、跨区域销售、非正常价格竞争等。可以看出，组织内部的员工有很多机会可以观察到这些错误行为，尤其是一些特殊岗位上的职员（如会计、审计或生产工人）有更多途径可以获取组织机密信息，进而发现错误行为（Culiberg & Mihelič，2017）。基于此，组织行为学者关注了员工在削减组织错误行为中的作用，特别是员工的揭发行为。然而，除了组织内部的员工，组织外部的其他主体，例如渠道网络中的其他成员也有机会观察和揭发这些错误行为，尤其是那些损害组织外部环境的不当行为。例如，作为承担产品生产下一个环节活动的渠道成员，经销商更有机会发现和曝光上游生产商生产伪劣产品的行为。又如，作为同一渠道网络中的同层级渠道成员，经销商更有可能发现和揭露其他经销商的跨区域销售或非正常价格竞争等不当行为。因此，仅仅关注内部揭发者情境的揭发将限制揭发行为的理论发展，本书响应 Culiberg 和 Mihelič（2017）的呼吁，关注外部揭发者情境的揭发行为，补充之前的研究结论，为揭发行为提供更多的理论启示。

图 1-2 所示为本书的研究框架与结构安排。本书共分为七章，各章的具体内容如下：

第 1 章为"引言"。本章介绍了本书的现实背景与理论意义，一方面在渠道管理实践中渠道成员的揭发现象是广泛存在且影响深刻的，另一方面尚未有研究为这一现实行为提供理论上的解释。本章提出本书的三个主要研究问题：什么是经销商揭发行为？经销商揭发行为的驱动因素有哪些？经销商揭发对其与制造商之间的关系带来什么样的影响？最后指出了本书的预期理论贡献。

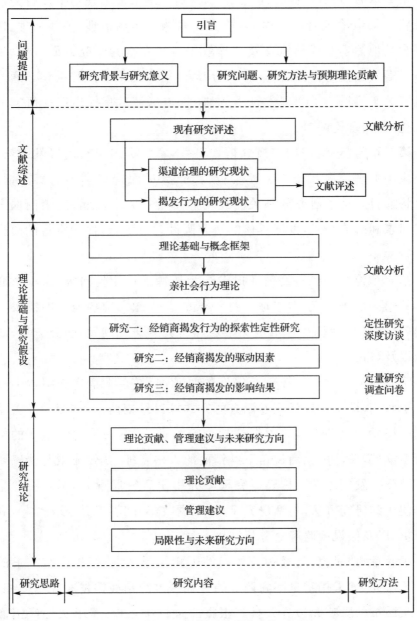

图 1-2 研究框架与结构安排

第 2 章为"现有研究评述"。本章分别介绍渠道治理与揭发行为的研究现状。渠道治理研究方面,本章主要回顾了契约治理、关系治理、代理控制和其他治理方式的概念及治理效果。揭发行为研究方面,本章主要回顾了揭发的概念,员工揭发的驱动因素,作用结果和过程模型。通过回顾现有关于渠道治理和揭发行为的研究,本章最后将提出以往研究的几点评述,提出理论缺口。

第 3 章为"理论基础与概念框架"。本章将提出经销商揭发的概念,介绍应用的理论基础——亲社会行为理论,进而提出本书的概念框架。本书将通过三个子研究分别关注经销商揭发行为的内涵、经销商揭发的驱动因素和影响结果,发展具体的研究假设,并采用定性和定量的研究方法进行检验。

第 4 章为"研究一:经销商揭发行为的探索性定性研究"。本章介绍本书的第一个子研究,即采取定性访谈的方式深入理解经销商揭发行为的内容、性质与动机。本章将介绍定性研究的研究问题、研究方法、研究发现以及讨论。

第 5 章为"研究二:经销商揭发的驱动因素"。本章将介绍本书的第二个子研究,即采取定量问卷调查的方式探讨经销商-制造商二元关系中经销商揭发的驱动因素。根据亲社会行为理论,本书构建经销商的亲社会模型框架,关注经销商视角下经销商的人格特征、认知要素与情感要素对经销商揭发的影响。构建研究模型并提出研究假设后,本章将介绍本研究使用的研究方法,包括研究设计、数据收集、问卷设计、变量测量和数据分析,以及假设检验和对分析结果的讨论。

第 6 章为"研究三:经销商揭发的影响结果"。本章将介绍本书的第三个子研究,即采用定量问卷调查的方式探讨经销商揭发对经销商-制造商关系质量的影响和边界条件。根据心理框架效应,本书关注经销商揭发和交易风险对经销商与制造商间关系质量的影响。构建研究模型并提出研究假设后,本章同样介绍研究使用的研究方法以及假设检验和对分析结果的讨论。

　　第 7 章为"理论贡献、管理建议与未来研究方向"。本章结合现有文献和本书的结论总结本书的理论贡献，并为渠道管理者提出相应的管理建议。本章最后将进一步讨论本书的局限性以及未来可能的研究方向。

第2章　现有研究评述

本章主要分为三部分。第一部分回顾渠道治理的研究现状,包括对几种主流的渠道治理机制以及对他们的主要作用结果的综述。这一部分内容帮助我们了解以往对渠道治理机制的研究,包括学者选择的视角,采用的理论基础以及关注的主要治理效果。第二部分对揭发行为的文献进行回顾。由于揭发行为的概念来源于组织行为领域,该领域关于揭发行为(多指员工揭发行为)的研究已经十分成熟,而营销领域关于组织间揭发的研究却非常有限。这一部分将主要梳理和回顾揭发行为在组织行为领域的研究现状,包括员工揭发的概念、影响因素、作用结果和过程模型,以期为渠道揭发行为的研究提供思路和基础,为本书提供夯实的理论研究背景。第三部分针对渠道治理与揭发行为的研究现状进行评述,并指出本研究的理论缺陷以及主要目的。

2.1　渠道治理的研究现状

渠道运行依靠相互独立的企业合作完成,这些渠道伙伴一方面互帮互助共同创造利益,另一方面又互相竞争夺取更多的收益(Cheung,Myers & Mentze,2011),因此渠道伙伴之间经常处于紧张状态(Colm,Orda-nini & Bornemann,2020),这就需要合适的治理机制管理和平衡他们之间的关系。以交易成本理论、社会交换理论和代理理论等为基础,以往的研究已经探索了一些渠道治理机制,包括契约治理(Schepker,et al.,2014)、关系治理(Heide & John,1992)和代理控制(Gilliland,Bello & Gundlach,2010)等。这些治理机制可以协调渠道成员的行动,抑制渠道伙伴的不当行为,削减合作成本,最终提升渠道整体经济和社会绩效。

2.1.1　契约治理

交易成本理论指出企业存在投机倾向,即当交易环境(例如专用资产投入或市场不确定性)存在机会时,企业就会通过投机获取利益(Wil-liamson,1985)。遵循这一逻辑,一些学者提出了契约治理方式,即渠道伙伴通过在交易前签订契约来明确渠道成员的角色和责任,指导渠道行为,确定渠道程序和政策,以此预防可能发生的不正常行为和冲突,从而提升渠道效率(Jap & Ganesan,2000)。契约治理研究主要关注了正式契约(Wang,et al.,2016)、契约的详尽性(丰超等,2019;Mooi & Ghosh,2010)、契约的完备性(Kashyap & Murtha,2017)、契约的执行(Antia & Frazier,2001)、契约的控制或防护维度与协调维度(Lumineau & Henderson,2012)、契约的结果与行为维度(Bai,Sheng & Li,2016),以及契约的模糊性(Zheng,et al.,2020)等。契约治理的效果得到了广泛的认可和关注。具体而言,学者分别考察了契约治理对渠道成员的投机行为(Wuyts & Geyskens,2005)、冲突及冲突的解决(Lumineau & Malhotra,2011)、公平(Poppo & Zhou,2014)以及绩效(Krishnan,et al.,2016)等方面的影响。

1. 契约治理对投机行为的影响

投机行为一直是渠道治理研究关注的重点,而契约治理更是抑制渠道伙伴投机行为最主要的治理方式之一。大量的实证研究表明契约治理与渠道成员的投机行为存在负相关关系（如 Achrol & Gundlach，1999；Liu，Luo & Liu，2009；Jia，et al.，2020），这一结论支持了契约治理的有效性。但也有研究表明，契约治理需要匹配适宜的渠道情境才能发挥（或发挥更强的）作用。契约治理的效果可能受到渠道内部环境的影响。例如，焦点组织间关系的网络嵌入程度越高，详尽的契约对投机的抑制效果越强（Wuyts & Geyskens，2005）。又如，相较于本土关系，当渠道关系属于国际关系时，契约对投机的抑制效果相对较弱（Wang，et al.，2016）。契约治理的效果也有可能依赖于渠道外部环境。例如，政府的支持可以加强契约治理对投机的抑制作用（Sheng，et al.，2018）。也有研究发现当法规的不确定性更高时，契约对投机的抑制效果更强（Wang，et al.，2016）。

2. 契约治理对冲突及冲突的解决方式的影响

签订契约的另一个主要目的是防止契约双方的冲突，但以往关于契约治理与冲突关系的看法和实证结果是混合的。一些研究认为契约可以保障合作双方惩罚和制止对方的违约行为的权利（Cannon，Achrol & Gundlach，2000），同时详尽的契约也可以避免双方的误解（Malhotra & Lumineau，2011），从而避免冲突的产生。相反，还有一些研究认为契约会破坏组织间信任（McEvily，Perrone，Zaheer，2003），阻碍成员之间的合作（Jap & Ganesan，2000），进而增加冲突发生的可能。一些学者通过区分不同维度的契约（以结果为基础的契约和以行为为基础的契约，或契约控制和契约协调），分别发现了他们对冲突的抑制和促进作用（Bai，Sheng & Li，2016；Schilke & Lumineau，2018）。除了冲突本身，以往研究还关注了契约治理对冲突解决的影响。也就是说，契约治理会影响企业对冲突解决战略的选择。例如，Lumineau 和 Malhotra（2011）发现契约治理结构会促进企业对权利基础冲突解决方法的选择，而减少对利益基础冲突解决方案的选择。Lumineau 与 Henderson（2012）进一步发现不同维度的契约（控制/协调）也会影响企业对冲突解决战略（合作谈判/竞争谈判）的选择，进而影响冲突解决成本。

3. 契约治理对公平的影响

Poppo 和 Zhou(2014)强调公平的重要性,以往研究中有少数学者关注了契约治理对公平的影响(王勇等,2018;Poppo & Zhou,2014)。例如Poppo 和 Zhou(2014)检验了公平在契约治理与渠道绩效关系间的中介作用。具体而言,他们发现契约的复杂性可以增强感知程序公平,而契约的重复性可以提升感知分配公平。

4. 契约治理对绩效的影响

也有一些研究直接检验契约治理与绩效的关系。基于传统的契约治理研究中关于契约治理对投机和冲突的抑制作用的讨论,一些研究验证了契约对绩效的直接正向影响(如 Liu,Luo & Liu,2009)。现有研究同时发现契约对绩效的影响会依赖于具体的交易情境。例如,Cannon 等(2000)发现专用资产投入与不确定性越高,契约对绩效的正向影响越弱,甚至导致没有影响。而 Krishnan 等(2016)则发现不确定性(环境不确定性和行为不确定性)对契约与绩效的关系存在倒 U 的调节作用,即当不确定性处于中间程度时,契约对绩效的促进作用最强。

2.1.2 关系治理

社会交换理论或关系交换理论强调企业之间社会交往的重要性,指出渠道成员应当注重发展长期的渠道合作关系,这会比不断建立及时性交易带来更多收益(Heide & John,1992)。根据社会交换理论或关系交换理论,渠道伙伴在合作过程中会产生信任并形成关系规范,这些规范会使渠道成员约束自身的行为,进而促进渠道合作(Brown,Dev & Lee,2000)。遵循这一逻辑,关系治理研究主要关注了非正式的治理方式,例如信任(Poppo,Zhou & Li,2016)、关系规范(Heide & John,1992)、关系行为(张涛和庄贵军,2015;Lusch & Brown,1996)、共享价值观(Wang,et al.,2017)、亲密关系(Wuyts & Geyskens,2005)和社会关系(Sheng,

Zhou & Li,2011)等。关系治理的效果也得到了充分的检验,成为渠道关系最主要的治理方式之一。目前为止,学者们主要考察了关系治理对于抑制投机行为和提升绩效等方面产生的作用。

1. 关系治理对投机行为的影响

关系治理理论认为企业间在社会交往过程中培养共享的社会规范,引导双方在交易中表现出符合彼此期望的行为,从而抑制自身的投机行为(Liu,Luo & Liu,2009)。大量实证结果表明关系治理可以有效抑制渠道成员的投机行为(如 Achrol & Gundlach,1999;Browm,Dev & Lee,2000;Tangpong,Hung & Ro,2010)。尽管如此,学者越来越担心关系治理的反作用,即采纳关系治理方式可能使渠道成员在企业间关系中处于易受伤害的位置,给渠道伙伴提供更有利的利用和欺骗自己的机会(Villena,Choi & Revilla,2019)。因此,一些研究发现了关系治理对投机的不显著甚至先抑制后促进(U型)的作用(Wuyts & Geyskens,2005)。

2. 关系治理对绩效的影响

关系治理可以通过降低交易成本,增强企业间的承诺和合作水平,提升双方的合作效率,进而提高渠道绩效(丰超等,2019;Liu,Luo & Liu,2009)。因此,许多研究发现了关系治理与渠道绩效之间的正向关系(如 Liu,Luo & Liu,2009;Lusch & Brown,1996;Mungra & Yadav,2019)。但越来越多的学者提出关系治理的黑暗面,他们指出紧密的关系可能会阻碍企业之间的信息交流,忽视合作中出现的问题,反而降低合作效率(Gundlach & Cannon,2010)。为检验关系治理的负面效果,一些学者发现了信任与绩效的倒 U 型关系,即当信任水平偏高时,它的负面效果更显著(Villena,Choi & Revilla,2019)。另一些学者则发现了关系治理的边界条件:边界条件可能源于关系治理的特征,例如 Hoppner 与 Griffith(2011)指出企业间关系行为的等价性与短期性会削弱关系治理的效果;边界条件可能源于渠道内部环境,例如 Kumar,Heide 和 Wathne(2011)

发现渠道成员的内部治理机制(激励)会削弱企业间关系治理的效果;边界调节也可能源于渠道外部环境,例如 Griffith 和 Meyer(2005)发现关系治理在不同国家背景下的作用存在差异。

2.1.3　代理控制

代理理论指出在委托-代理关系中,委托人与代理人之间存在信息不对称和风险偏好偏差的问题,由此委托人需要解决两个主要代理风险:逆向选择风险和道德风险(Bergen,Dutta & Walker,1992)。根据代理理论的观点,营销渠道学者们提出了可以防止代理风险的手段。Antia,Mani 和 Wathne(2017)将代理控制划分为基于能力的治理和基于动机的治理,其中基于能力的治理包括伙伴的选择和社会化,基于动机的治理包括激励、监督和提成率。除此之外,也有学者提出其他解决代理冲突的治理机制,如正式化、中心化和信息交换等(Homburg,Vomberg & Muehlhaeuser,2020)。代理理论在渠道治理领域研究中也得到了广泛的应用,学者们主要关注了代理控制对渠道伙伴的遵从行为(Kashyap & Murtha,2017)、投 机 行 为 (Heide,Wathne & Rokkan,2007)、代 理 行 为 (Homburg,Vomberg & Muehlhaeuser,2020)和绩效等方面的影响(Gundlach & Cannon,2010)。

1. 代理控制对遵从行为的影响

研究发现一些代理治理方式,如监督(Kashyap & Murtha,2017;Murry & Heide,1998)和激励(Murry & Heide,1998),可以促进渠道伙伴的遵从行为。其中,监督是通过核实渠道伙伴的行为并为渠道伙伴提供行为指导促进渠道伙伴的遵从,而激励是通过消除渠道伙伴之间的目标不一致促进对方的遵从(Murry & Heide,1998)。但也有一些研究发现了不一致的结果。例如,一些研究区分了不同类型的监督,即结果监督和行为监督,发现结果监督可以促进遵从行为,而行为监督会抑制遵从行为(Kashyap,Antia & Frazier,2012)。也有研究区分了不同维度的激励,即侧重强度的激励和侧重及时性的激励,并发现在不同情境(监督水平和即兴战略)下二者对遵从行为会产生相反的作用(Kim & Lee,2017)。

2. 代理控制对投机行为的影响

代理控制研究认为渠道成员可以运用代理控制的手段削减合作伙伴之间的信息不对称,促进目标达成一致,进而抑制渠道伙伴的投机行为(Heide,Wathne & Rokkan,2007)。遵循这一逻辑,现有研究检验了一些代理手段对投机行为的抑制作用。研究发现,结果监督(Heide,Wathne & Rokkan,2007;Kashyap,Antia & Frazier,2012)可以抑制渠道伙伴的投机行为。而激励的强度配合高监督水平,或激励的及时性配合即兴战略,均会对投机行为具有抑制作用(Kim & Lee,2017)。但同时,以往研究也发现了一些相反结果。研究发现,行为监督可能被视为入侵性行为,激发渠道伙伴的防御和反击,进而增加投机的可能(Heide,Wathne & Rokkan,2007;Kashyap,Antia & Frazier,2012)。同时,当激励的及时性与监督手段结合,或激励的量级与即兴战略结合时,投机行为反而会增加(Kim & Lee,2017)。另外,学者也发现了代理控制对投机作用的一些调节情境。例如,社会契约会加强结果监督的抑制效果,同时削弱行为监督的促进效果(Heide,Wathne & Rokkan,2007)。

3. 代理控制对代理行为的影响

基于代理理论,一些学者检验代理控制对渠道成员代理行为的影响。渠道成员的代理行为指其为当前合作伙伴付出的努力,例如分销伙伴的信息优势和分销伙伴与制造商的协作(Homburg,Vomberg & Muehlhaeuser,2020),或分销商的代表强度(Gilliland & Kim,2014)。研究发现,激励可以促进渠道成员的代理行为。具体而言,渠道成员对委托方激励的工具性评价越低,一致性评价越高,渠道成员的代表强度越高(Gilliland & Kim,2014)。Homburg,Vomberg 和 Muehlhaeuser(2020)则从治理分析价值的角度探索了代理控制(正式化、中心化与信息交换)如何结合渠道结构(间接渠道与直接渠道)共同影响渠道伙伴的代理行为。

4. 代理控制对绩效的影响

也有研究直接检验代理控制对渠道绩效的影响。虽然不同类型的监督对渠道伙伴的遵从和投机行为产生相反的作用,但现有研究发现,渠道成员的监督,包括过程监督与结果监督,均会对渠道绩效产生正向影响(Gundlach & Cannon,2010)。

2.1.4　其他治理方式

以往研究还提出了一些其他的治理方式,例如关系(张闯,夏春玉和梁守砚,2009;Gu,Hung & Tse,2008)、组织间连带责任(Hu,et al.,2015)、群体内倾向(Chung & Jin,2011)、所有权(Butt,et al.,2018)、专用资产投入(Liu,Luo & Liu,2009)、权威治理(周茵,庄贵军和杨伟,2017)和渠道规则执行(陈雨田和吕巍,2011)等。其中,关系治理是中国情境下一种独特的治理方式(Gu,Hung & Tse,2008)。想要维持和谐的人际关系,人们发展出人情与面子等独特的关系规范,限制彼此的行为(Luo,1997)。在这一情境下,学者发现渠道成员的边界人员之间的关系确实可以提升渠道能力和响应能力(Gu,Hung & Tse,2008),促进组织间信任(Shen,Zhou & Zhang,2020),增强渠道绩效(Huang,et al.,2016)。但也有研究发现了关系的负面作用(Shen,Zhang & Teng,2019)和边界条件(夏春玉,张志坤和张闯,2020)。例如,Shen,Zhang 和 Teng(2019)检验了关系与投机的倒 U 型关系,认为边界人员的关系偏差时,关系的增加甚至会增加企业投机的可能,且法律执行性越低,伙伴专用资产投入越高,这一负面作用越强。

组织间连带责任指的是群体内的组织共同为群体的结果或错误行为承担责任。这类研究虽然探索了组织层面的互相监督,但关注的是连带责任情境下的组织被动地对其他组织的监督。例如,Hu 等(2015)发现组织间连带责任能够通过促进组织间的监督水平提升绩效,且这一促进作用同时受到组织间规范性制度环境的调节影响。相对于本书将研究的渠道揭发行为,这一类研究关注的同行监督缺少利他性,更是一种利己的行为。尽管如此,这些研究展现了当错误行为与行为主体利益相关时的同伴监督行为,同样为本书奠定了研究基础。

群体内倾向来源于集体主义,指企业具有的一种内部人的意识并针对内部人存在道德偏向的一种特征,Chung 和 Jin(2011)发现企业的群体内倾向可以作为一种治理方式促进自己的信任,并抑制渠道伙伴的投机行为。基于交易成本理论,所有权结构与专用资产投入同样可以成为可替代的渠道治理方式。渠道治理研究同时关注了这两种治理方式的治理效果,结果显示所有权和专用资产投入可以抑制渠道伙伴的投机行为(Brown,Dev & Lee,2000)。

2.2　揭发行为的研究现状

2.2.1　揭发行为的概念

揭发的概念来源于组织行为领域,被定义为组织中现有或以前的成员发现组织中的违法、不道德或违规的错误行为,并向可能影响该行为的个体或组织进行报告的行为(Miceli & Near,1984)。这些错误行为包括员工的偷窃、浪费、组织中的性别歧视、组织生产制造不合格产品或欺诈等。员工揭发行为具有挑战性和抑制性两种特征(Van Dyne & LePine,1998),即一方面揭发行为对现行组织权威提出了挑战,另一方面揭发的目的是阻止某些不良行为的发生。员工揭发行为可以划分为不同的类别（具体分类见表 2-1）：根据被揭发者不同，员工揭发可以分为组织成员对高管或组织整体的向上揭发和对同事或工作伙伴的横向揭发。根据揭发接收者不同，员工揭发可以分为外部揭发与内部揭发两种类别，其中，内部揭发指组织成员向组织内部的上级领导或高管揭发或报告；外部揭发指组织成员向组织外部的政府职能部门或媒体等揭发。

表 2-1　　　　　　　　　　　　　员工揭发的类别

依据		描述	例子	代表文献
按照被揭发者划分	向上揭发	揭发上级管理者或组织的错误行为	揭发财务经理错误的财务报告	Kaplan, et al. , 2009；Lowe, Pope & Samuels, 2015
	横向揭发	揭发同级同事的错误行为	揭发同级同事的偷窃行为	Spoelma, Chawla & Ellis, 2020；Trevino & Victor, 1992
按照揭发接收者划分	内部揭发	向组织内的管理者揭发	向上级领导揭发	MacNab & Worthley, 2008；Liu, Liao & Wei, 2015
	外部揭发	向组织外部的人或组织揭发	向监管部门揭发	Andon, et al. , 2018；Park, Vandekerckhove & Joowon Jeong, 2020

　　组织行为学者认为员工揭发行为是一种亲社会行为，具有自发性和利他性的特征（Dozier & Miceli, 1985；Latan, Ringle & Jabbour, 2018）。这是因为一方面，揭发一般不属于员工的职责范围，即使在他的职责范围（例如审计人员需要报告组织的错误会计报表）内，员工也可能基于自身利益考量选择不去揭发（Zhang, Chiu & Wei, 2009），因此员工揭发具有自发性。另外，揭发行为能够帮助组织及时止损，维护组织声誉（尤其是内部揭发），甚至减少对消费者及社会的危害（Callahan, et al. , 2002），而它带给揭发员工本身的好处（例如更好的工作环境和声誉等）很少，甚至可能造成负面影响，例如被揭发员工的报复、被裁员等（Rehg, et al. , 2008；Curtis, et al. , 2020），因而揭发具有利他性。

在这一亲社会假定下,组织行为学者认为员工采取揭发的动机同时包括内部动机和外部动机。其中,内部动机可以是基于道德方面的。道德行为理论在揭发研究中的广泛应用体现了以往研究对揭发行为内部动机的关注,即员工站在道德或责任的角度,认为揭发是一件正确的事情。可以驱动内部动机的因素包括员工对错误行为的道德评价(Latan,Ringle & Jabbour,2018;Near & Miceli,1996)、道德型领导(Cheng,Bai & Yang,2019;Mayer,et al. ,2013)及嵌在制度环境中的道德规范(Pillay,Reddy & Morgan,2017)等。另外,内部动机也可以是基于情感方面的。揭发行为是有益于组织的组织公民行为。当员工与组织或领导之间建立起良好的关系时,例如高领导-成员交换关系(Bhal & Dadhich,2011)、高工作满意度(Cassematis & Wortley,2013)等,揭发的内部动机也会被激发出来。研究发现揭发行为也可能出自外部动机,即员工从经济或理性分析的角度出发,认为揭发是获益大于成本的决定,可以驱动利己动机的因素包括财务激励(Rose,Brink & Norman,2018)和揭发程序上的保护(Chordiya,et al. ,2020;Kaplan,et al. ,2012)等。

2.2.2 员工揭发的影响因素

自 Near 和 Miceli(1984)提出员工揭发的概念以来,经过几十年的探索,员工揭发行为的研究已经取得了丰硕的成果。组织行为学者从不同的角度出发,基于不同的理论基础对组织揭发的驱动因素进行探讨。现有研究主要考察了以下四个层次的影响因素。

1. 个体层次

个体层次的驱动因素主要包括揭发者的性格特征、道德表现、人口统计特征和工作岗位因素等。其中,关于性格特征的研究主要根据心理学领域的人格理论,探讨哪些性格的员工具有更强的揭发意愿。研究结果表明组织中的揭发者通常是高外向性的、高支配性的和低亲和性的(Bjørkelo,Einarsen & Matthiesen,2010)、高主动性的(Miceli,et al. ,

2001)、高自我效能感的(MacNab & Worthley,2008)员工。关于道德表现的研究认为揭发行为具有很强的利他性和亲社会性,因此依据亲社会行为理论和伦理行为理论从道德以及价值观等方面研究揭发意愿的动因。研究结果表明具有明确的道德判断和价值观的员工在面对相同情况时更倾向于采取揭发行为(Dozier & Miceli,1985),因为他们更确信所观察到的错误行为是违反道德规范或不符合价值观的,需要及时制止。关于人口统计特征的研究则依赖于能力理论、期望理论、资源依赖理论、印象管理理论等探寻能够促进揭发意愿的因素。尽管有些研究结果是不一致的,但大部分的结果表明组织内的揭发者通常是年长的、男性、受教育程度较高的员工(Mesmer-Magnus & Viswesvaran,2005),因为这些人通常会认为自己在组织中具有较强的能力或者很期望揭发行为有效,即制止当前其他人的错误行为,并且这些人通常具有更强的意愿来通过揭发行为维持自己的形象。最后,关于工作情境的研究结果表明相对于没有行动的观察者,揭发者可能拥有较高的薪资水平、较高的工作绩效、较长的工作年限、较高的职位或监管职位(Sims & Keenan,1998)。具有这些特征的员工工作角色中通常包含揭发错误行为的责任,同时他们也更了解揭发渠道等信息。除此之外,还有一些学者关注了员工个人的文化导向对其揭发的影响,例如儒家主义(Park,Rehg & Lee,2005)和权术主义(Dalton & Radtke,2013),学者们发现人们的父为子纲思想和权术主义对揭发行为存在抑制作用,而夫为妻纲对揭发行为具有促进作用。

2. 团队层次

与个人层次相比,团队层次的因素对员工揭发意愿的解释作用更强(Mesmer-Magnus & Viswesvaran,2005)。团队层次的驱动因素主要包括领导风格,领导-员工交换质量和团队氛围。其中,关于领导风格的研究主要依赖于组织行为领域中的领导风格理论,探讨领导特征如何促进或抑制员工的揭发行为。例如,现有研究发现伦理型领导可以通过增强道德勇气和责任分散(张永军,2016)减少被报复的可能(Mayer,et al.,

2013），从而促进员工的揭发意愿，尤其是选择内部揭发的意愿。又如，Liu，Liao 和 Wei（2015）等人发现真诚型领导也会促进员工的揭发行为。另外，关于领导-员工交换质量和团队氛围的探讨主要依赖于社会交换理论等理论基础，学者们发现领导-员工交换质量越高（Bhal & Dadhich，2011），同事或团队成员的道德水平越高，揭发者受到的支持程度越高，越受到互惠和规范的限制，越倾向采取揭发行为（Greenberger，et al.，1987）。同时，也有研究发现员工受到团队排斥会促进员工揭发（Spoelma，Chawla & Ellis，2020）。

3. 组织层次

组织层次的驱动因素主要包括组织结构和安排（组织结构、组织针对揭发的安排以及组织的其他安排）以及组织文化与氛围。组织结构方面，一些学者关注了组织规模、组织性质与员工揭发的关系，发现组织揭发更倾向于发生在非官僚体制的、营利性的、大规模的组织中（Near & Miceli，1996）。一些学者认为员工揭发意愿与组织对揭发的支持也存在正相关关系，组织的支持可能表现在建立对揭发行为的财务激励（Andon，et al.，2018），或给予匿名等保护措施（Gao，Greenberg & Wong-On-Wing，2015）等。一些学者关注了组织中其他安排对员工揭发的影响，例如研究发现组织的财务认证程序会降低员工揭发的意愿（Lowe，Pope & Samuels，2015），管理者的报酬结构（股权）也会影响其揭发的可能性（Rose，Brink & Norman，2018）。在组织文化与氛围方面，一些研究根据道德伦理理论，发现组织的伦理文化可以通过影响员工的价值观和行为规范驱动员工的揭发意愿（Trevino，Weaver & Reynolds，2006）。一些学者以公平理论为基础，认为组织的公平（分配公平、程序公平和互动公平）程度也会影响员工的揭发意愿（Seifert，et al.，2010），即员工感知公平程度越高，越倾向于揭发以维护公平的秩序。

4. 外部环境层次

外部环境层次的驱动因素包括制度环境（法律法规和文化等）、错误行为特征以及旁观者情境等。在制度环境方面,根据制度理论,组织的制度环境包括规制性环境(法律)、规范性环境(行业准则)和文化环境,因此制度因素通过强制性和非强制性的方式影响组织揭发行为。现有研究表明在不同的制度环境下,员工的揭发意愿存在差异。例如,Park 等(2008)通过对英国、土耳其和韩国的学生进行问卷调查发现,国籍与文化导向均会影响人们的揭发意愿和揭发形式,其中国籍的影响超过了文化导向的影响。Pillay 等(2017)通过对两家政府机构的员工进行问卷调查,得出制度环境的三个要素(规制、规范和文化)的同构效应会影响员工揭发意愿的形成。在错误行为方面,现有研究关注了被揭发的错误行为的类别以及错误行为的严重程度。一些学者从亲社会行为角度出发,认为错误行为的严重程度是重要的驱动员工内部动机的因素(Andon,et al.,2018)。而其他学者则从揭发的角度探讨哪些类别的错误行为更容易被揭发(Robinson,Robertson & Curtis,2012)。在旁观者情境方面,与亲社会行为研究中责任分散的主张相反的是,员工揭发结果越多显示在错误行为情境下,旁观者(或观察者)的数量越多,揭发越可能发生(Miceli,Dozier & Near,1991;Robinson,Robertson & Curtis,2012)。员工揭发的驱动因素的实证结果见表 2-2。

表 2-2　　　　　　　　员工揭发的驱动因素的实证结果

层次	因素	代表性研究发现	代表文献
个体层次	人口统计特征	员工的年龄、任职年限、职位与揭发正向相关;男性员工揭发可能性更高,女性员工更倾向于选择内部揭发	Cassematis& Wortley,2013;Kaplan,et al.,2009;Miceli,Dozier & Near,1991 Miceli & Near,1984
	工作情境	员工的工作满意度与揭发意愿正向相关;当同伴举报是工作职责一部分时,员工更愿意揭发	Cassematis& Wortley,2013;Miceli & Near,1984;Trevino & Victor,1992
	性格特征	员工的自我效能感、外向性、内部控制点、主动性与揭发正向相关;员工的亲和性与揭发负向相关	Bjørkelo,Einarsen & Matthiesen,2010;MacNab & Worthley,2008

层次	因素	代表性研究发现	代表文献
个体层次	道德表现	道德认知与道德判断力对揭发具有正向影响	Latan, et al., 2019；Miceli, Dozier & Near, 1991；Zhang, Chiu & Wei, 2009
	其他	儒家思想（如三纲五常）会对揭发产生影响；权术思想对揭发具有负向影响	Dalton & Radtke, 2013；Park, Rehg & Lee, 2005
团队层次	领导类型	真诚型领导、道德型领导可以促进员工的组织内部揭发	Bhal & Dadhich, 2011；Cheng, Bai & Yang, 2019；Mayer, et al., 2013；Liu, Liao & Wei, 2015
	领导-成员关系	领导-成员交换质量与员工内部揭发正向相关	Bhal & Dadhich, 2011
	团队氛围	同事道德水平会促进员工揭发；员工经历的团队排斥会促进员工揭发	Greenberger, et al., 1987；Spoelma, Chawla & Ellis, 2020
组织层次	组织结构	组织揭发更倾向于发生在非官僚体制的、营利性的、大规模的组织中	Near & Miceli, 1996
	组织文化与氛围	组织道德文化会加强员工道德判断对揭发的正向影响；员工感知组织公平程度与员工揭发正向相关	Seifert, et al., 2010；Zhang, Chiu & Wei, 2009
	组织中的揭发安排	组织对揭发的财务奖励会促进员工揭发；当揭发的匿名热线工作由第三方负责（相比于公司内部人员负责）时，员工揭发的意愿更高	Andon, et al., 2018；Gao, Greenberg & Wong-On-Wing, 2015
	组织其他安排	组织的财务认证程序会降低员工揭发的意愿；管理者的报酬结构（股权）会影响其揭发	Lowe, Pope & Samuels, 2015；Rose, Brink & Norman, 2018
外部环境层次	旁观者	观察到错误行为的人数越多，揭发发生的可能性越高；当员工是唯一（相比于也有其他人）观察到错误行为的人时，他的揭发意愿较低	Miceli, Dozier & Near, 1991；Robinson, Robertson & Curtis, 2012

（续表）

层次	因素	代表性研究发现	代表文献
外部环境层次	错误行为	当错误行为是财务欺诈（相对于偷窃）、非物质性质（相对于物质性质）时，员工揭发的可能性更低；错误行为的严重程度、错误行为对员工利益的威胁程度与员工揭发正向相关	Andon,et al. ,2018；Miceli& Near,1985；Robinson, Robertson & Curtis,2012；Trevino & Victor,1992
	制度环境	制度环境通过法律的、规范的和模仿的三种同构路径影响揭发意愿；强道德环境会促进员工揭发	Dalton& Radtke,2013；Pillay, Reddy & Morgan,2017

2.2.3　员工揭发的作用结果

在组织揭发行为理论发展初始阶段，学者努力探寻能够促进员工揭发行为的因素。这一研究方向的前提假设是组织揭发行为对组织具有积极的影响。具体来说，学者认为由于组织揭发行为指出了组织本身或员工存在的问题，并希望能够制止那些错误的行为，因此员工的揭发行为可以帮助组织发现并阻止错误行为，减少直接的经济损失（Miceli，Near & Dworkin，2009）和管理成本（Mayer，et al. ，2013），加强组织伦理文化氛围并提升员工的满意度（Miceli，et al. ，2001），甚至可以帮助社会减少损失（刘燕，赵曙明，蒋丽，2014）。尽管上述观点可以在大部分的文献中得到体现，但鲜少有学者对此关系进行实证检验（除了 Johansson & Carey，2016 的研究，作者检验了匿名揭发程序对组织欺诈的抑制作用）。

与此同时，学者认为揭发行为也可能产生负面的影响。例如，揭发行为会挑战组织的权威，因此有损组织的领导权威，破坏组织内部团结的氛围（Vinten，1994），尤其是外部揭发，会将组织问题暴露给公众，严重损坏组织的声誉（Contu，2014；Weiskopf & Tobiasmiersch，2016）。从个体层面上，学者关心最多的话题是组织揭发带来的报复结果，例如强制揭发者撤回揭发，孤立揭发者，甚至辞退揭发者并拉入"行业黑名单"等，这也是员工在揭发之前考虑最多的因素之一。因此,有学者如 Rehg 等(2008)开始研究报复行为的驱动因素与结果,发现揭发者与被揭发者的权力、错误行为的严重程度、组织支持程度等会影响报复的可能性,而组织的报复行为则会显著地降低未来的揭发(外部揭发)行为。也有研究关注揭发者受到的同事排挤(Curtis,et al.,2020),发现观察者或旁观者对事件的道德判断会通过影响他们对揭发者的喜欢程度,进而影响他们对揭发者的排斥意愿。

2.2.4 员工揭发的过程模型

组织揭发需要一定的前提条件,即组织中存在错误行为,而且潜在的揭发者发现了这一错误行为并决定将其揭发给组织内部或外部人员,因此组织揭发是一个动态的过程。现有研究分别从亲社会组织行为、伦理行为和社会信息加工等视角发展组织揭发行为的决策过程模型,并探讨决策过程中的每一个步骤的驱动因素,如图 2-1 所示。

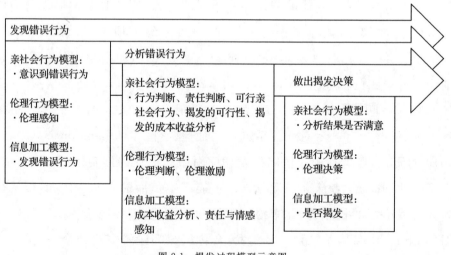

图 2-1 揭发过程模型示意图

亲社会行为视角的研究认为组织揭发是一种亲社会行为,因为组织揭发行为是员工出于有利于组织或社会的考虑而做出的一种社会行为。

区别于利他行为,个体的亲社会行为也包含了对回报的需求。Dozier 和 Miceli(1985)最先提出亲社会行为视角下的组织揭发行为决策模型:

(1)组织成员是否意识到错误行为? 这可能需要组织成员具有高社会经济地位,在组织中具有监管职责或年纪较轻,才有更多机会发现错误行为,成为观察者并进行下一步。

(2)组织成员考虑此错误行为是否值得揭发? 可能考虑的因素包括错误行为的严重程度、其他观察者的态度和做出错误行为的员工的地位。当组织成员认为值得揭发时,决策进入下一步。

(3)组织成员是否认为自己应对此行动负责? 在此阶段,决策者需要考虑他们是否应该采取某种行动。可能的驱动因素包括观察者的道德归因、感知的社会责任感、旁观者是否存在以及与他们的关系、观察者相较于做出错误行为员工的相对工作满意度。

(4)是否存在可行的亲社会行为?

(5)揭发行为是否比其他亲社会行为更加适宜?

(6)揭发行为可能带来的益处是否超过其需要的成本? (4)到(6)涉及的关注决策者如何选择帮助他人或组织的方式。影响他们是否选择揭发的因素包括揭发的效率和有效性等,及驱动因素(包括个人层次,团队层次,组织层次以及外部环境层次的变量)。

(7)上述结果是否令决策者满意? 如果满意就可以采取揭发行为。

伦理行为视角下的研究认为揭发行为是高伦理水平的组织行为。根据伦理行为理论,Ponemon(1994)提出组织揭发行为的决策模型:

(1)伦理感知,即决策者感知到周围环境中存在违背伦理道德的行为。

(2)伦理判断,即判断揭发行为是否符合伦理道德。

(3)伦理激励,即评估道德价值观相对于其他价值观的重要程度。

(4)伦理选择,即决定选择做出揭发行为。可以看出伦理视角更看重决策者的伦理认知,而不考虑经济得失。

社会信息加工视角下的研究则假设决策者是完全理性经济人,通过对已有信息进行处理和分析,选择最合适的决策(Gundlach,Douglas & Martinko,2003)。该视角下的组织揭发决策模型可以归纳为以下过程:

(1)发现错误行为。

(2)将错误行为进行归因与成本-利益分析,两个过程均受到做出错误行为的员工的印象管理行为的影响。

(3)责任判断和感情变化过程。

(4)做出是否揭发的决策。

社会信息加工视角下的决策模型系统地分析潜在揭发者接收到的各个方面的信息,结合归因理论、理性决策理论和印象管理理论等,分析员工的组织揭发过程。

许多学者从动态过程的角度探讨揭发的驱动因素。例如 Watts 和 Buchley(2017)在伦理揭发模型的基础上提出个人层面、组织层面和社会层面的因素在每个阶段的影响。

2.2.5 其他相关的研究

至此,本章回顾了组织行为领域关于员工揭发行为的研究。除此之外,还有另外几个方向的研究可以为渠道揭发行为的研究提供思考。

1. 组织间公民行为或组织间角色外(利他)行为研究

与组织内部的员工揭发相似,渠道揭发行为也是组织间公民行为的重要类别之一(张闯和周晶,2018)。因此,组织间公民行为的研究可以为渠道揭发行为提供坚实的文献基础。组织间公民行为或者组织角色外(利他)行为是指组织为帮助其合作伙伴而做出的自愿的努力,包括创新行动、自发合作以及超越正式角色规定的创新行为(Li,2010)。组织间公民行为通常具有自愿性和利他性的特征(Wutys,2007)。具体而言,该行为(例如提出创新建议)不是被要求的,而是受到意愿的启发;同时,组织的公民行为旨在使他人受益。

值得注意的是,虽然组织间公民行为与关系行为(relational behavior)相似,因为它们都描述了超出通常预期的亲社会行为(Wutys,2007),但这两个概念可以通过以下四种方式彼此区分。第一,它们存在于不同的层级。正如 Wutys(2007)在他的开创性著作中强调的那样:组织间公民行为反映了单个组织的行为,而关系行为则涉及两个组织之间的关系。第二,它们具有不同的目的。组织间公民行为是指组织旨在帮助其合伙人的行为。然而,关系行为旨在促进与合作伙伴的合作关系的发展(Hoppner & Griffith,2011)。第三,驱动这两种行为的机制是不同的。根据其定义,关系行为的发生来源于组织与其合作伙伴之间的社会共识或相互理解,而这些是通过组织间持续不断交换和创建和谐的合作氛围而发展形成的(Hoppner & Griffith,2011)。反观组织间公民行为,除了上述的公共动机以外,也可以在缺乏关系规范的情况下由工具性动机驱动(Wutys,2007)。例如,组织可以将组织间公民行为作为代表它是很出色的合作伙伴的信号,在想要锁住当前合作伙伴的情况下发出此信号。第四,组织间公民行为比关系行为更具有自发性。这是因为在一段合作关系中,根据关系规范,不能完成关系行为会损害一个人的声誉并使他的伴侣失望(Zaheer & Venkatraman,1995),但不采组织公民行动并不会产生这种后果(Autry,Skinner & Lamb,2008)。表 2-3 总结了组织间公民行为与关系行为的主要差别。

表 2-3   **组织间公民行为与关系行为的主要差别**

项目	组织间公民行为	关系行为
定义	公司为帮助合作伙伴所做的自愿努力,包括创新行动、自发合作和超越正式角色规定的创造性行为(Wuyts,2007)	双方为促进合作关系的发展所采取的行动(Hoppner & Griffith,2011)
行为	创新行动,自发合作和创造性行为	团结、灵活、信息交流等
层级	单独的行动主体	二元的
目标	帮助组织的合作伙伴	促进合作关系

（续表）

项目	组织间公民行为	关系行为
动机	• 公共性动机（Esper,et al.,2015） • 工具性动机（Kim,Hibbard & Swain,2011）	• 公共性动机（Hewett & Bearden, 2001）
主动性	主动行为	基于关系规范的期待的行为
代表文献	Li,2010； Wuyts,2007	Hoppner & Griffith,2009； Lusch & Brown,1996

目前组织间营销领域中有关组织间公民行为的研究主要集中在探索该行为的驱动因素（表2-4），现有研究表明组织间公民行为既可以由情感动机驱动，也可以由工具动机驱动（Wutys,2007）。从情感动机的角度来看，企业的组织间公民行为的动机是与合作伙伴建立和维持情感联系。这一动机可以通过两方面实现：一方面，更好的组织间关系质量会促进这一动机，例如合作伙伴之间的共享价值观（Kashyap & Sivadas,2012）、组织的情感承诺和信任（Esper,et al.,2015；Kim,Hibbard & Swain,2011）等；另一方面，良好的组织间合作氛围也会促进这一动机，而良好的组织间合作氛围可以通过契约规范（Vries,et al.,2014）、契约协调（Wang, et al.,2017）、决策过程中的公平（Li,2010）和感知的关系有效性（Esper, et al.,2015）等推动形成。相反，合同控制引起的不信任可能会抑制组织间公民行为（Wang,et al.,2017）。从工具性动机的角度来看，企业的组织间公民行为的动机涉及其执行组织间公民行为结果的计算过程。现有研究表明，通过展示组织间公民行为，企业能够防止失去合作伙伴的损失，并产生能使他们未来获益更多所需要的良好印象和声誉。基于这一动机，企业的组织间公民行为可能是由于计算承诺（Kim,Hibbard & Swain,2011）和较高的组织间相互依赖关系（由于交换成本较高）引起的（Wuyts,2007）。而相反，更多的合同内激励会促使企业更专注于角色内行为，这可能会降低其执行角色外行为，即组织间公民行为的意愿（Wang,et al.,2017）。

表 2-4　　　　　　　　　　　　组织间公民行为的驱动因素的实证结果

动机	研究发现	代表文献
情感性动机	合作伙伴之间的共享价值观、组织的情感承诺、信任、契约规范、契约协调、决策过程中的公平和感知的关系有效性可以促进组织间公民行为； 合同详尽性会抑制组织间公民行为	Kashyap & Sivadas,2012； Li,2010； Wang,et al.,2017； Wutys,2007
工具性动机	组织间相互依赖程度、计算性承诺可以促进组织间公民行为； 合同内激励会抑制组织间公民行为	Kim,Hibbard & Swain,2011； Wang,et al.,2017

从研究文献来看,现有研究大多将组织间公民行为看成一个整体概念,探讨它的驱动因素和影响结果,缺乏对其中单独的某一类别的讨论(张闯和秦冬露,2016)。然而,反观组织内部,角色外行为概念的内涵极其丰富,认为每一种形式都存在独有的驱动因素和影响结果。张闯和周晶(2018)认为组织间公民行为的类型也是高度多元化的,且不同类别的角色外行为的驱动因素及其对渠道运行的作用结果也会存在差异。这就意味着仅将组织间角色外行为当作一个"伞概念(umbrella concept)"来研究将无法充分揭示一些具体而关键的角色外行为(例如渠道揭发行为的作用机制),所以学界需要针对某一种或一类具体的角色外行为(例如渠道揭发行为)展开深入研究,从而推动组织间行为理论的发展。

2. 组织外部的客户揭发行为研究

如本章之前的文献回顾内容,揭发研究一直关注主体为员工的组织内部的揭发行为。然而,Culiberg 和 Mihelič(2017)指出员工并不是唯一可以获取公司错误行为的主体,如公司外部的顾客、合作企业等均可能获得相关线索并有机会采取揭发行为,并呼吁学者们关注这些主体的揭发行为。但仍鲜少有学者填补这一研究缺口,直至 Latan 等人(2020)响应Culiberg 和 Mihelič(2017)的号召,关注组织外部主体(指客户)的揭发行为。具体而言,客户揭发指的是组织外部的顾客将组织的错误行为揭发给组织高层或外部人员。而员工揭发指的是现在或之前曾经在组织任职的员工对组织中存在的错误行为的揭发（Miceli & Near, 1984）。Latan等人（2020）基于揭发三角论检验压力、机会、合理性和能力对顾客的揭发行为的影响。尽管顾客揭发依然是个体层面的揭发行为，但该研究依然提供了组织外部的揭发行为的思考，为渠道揭发行为研究奠定基础。

2.3 对渠道治理与揭发行为研究现状的几点评述

本章前两节主要回顾了渠道治理与揭发行为的文献。这些研究成果丰富了相关领域的研究，但同时也留下了理论缺口。

第一，渠道治理研究忽略了被治理的渠道成员形成的横向网络的作用。以往的渠道治理研究主要从二元视角出发，考察了在企业间关系中单边（如单边监督）或双边（如关系规范）的治理方式。这些治理机制可以通过影响渠道成员的不当行为（Achrol & Gundlach, 1999）、遵从行为（Kashyap & Murtha, 2017）和冲突（Schilke & Lumineau, 2018）等引起企业间合作效率的提升或降低，最终影响渠道绩效（Liu, Luo & Liu, 2009）。虽然二元治理机制极大丰富了渠道治理研究，提供了有价值的管理建议，但现有研究也逐渐发现了这些机制的负面效应（Villena, Choi & Revilla, 2019）或边界条件（Wuyts & Geyskens, 2005），表明了这些治理机制作用的有限性。因此，将渠道治理研究从二元视角拓展至网络视角是有必要的，因为渠道网络的存在可以产生信息的溢出效应（Wang, Gu & Dong, 2013），为渠道治理提供新的价值。

第二，营销渠道研究缺少对渠道揭发行为的驱动因素的探索。在渠道管理实践中，渠道成员之间的揭发现象屡见不鲜，但揭发行为研究主要围绕员工层面进行探讨（Culiberg & Mihelič, 2017），而忽略了渠道成员层面。组织行为学领域关于揭发行为的驱动因素的研究已经非常成熟。学者们主要关注了揭发者方面(如揭发者的道德评价,Taylor & Curtis,2010)、揭发接收者方面(如组织的匿名揭发程序,Kaplan,et al.,2012)、揭发者-揭发接收者关系方面(如领导-成员交换质量,Bhal & Dadhich,2011)的错误行为(如错误行为的严重程度,Andon,et al.,2018)及揭发者所处环境(如道德文化氛围,Zhang,Chiu & Wei,2009)等因素的作用,但这些研究检验的是员工层面的揭发行为,尚未有研究检验渠道揭发行为的驱动因素。本书将结合揭发行为与营销渠道研究,以亲社会行为理论为理论基础,关注经销商的人格特征、认知要素与情感要素等方面的因素对经销商揭发的影响,拓展渠道行为和揭发行为的研究。

第三,营销渠道研究缺少对渠道揭发行为作用结果的探索。通过回顾揭发行为的研究发现,现有关于揭发行为的研究,尤其是实证研究,大多探讨揭发行为的驱动因素,而忽略了对揭发行为的作用结果的检验。然而,理解渠道揭发行为的结果对被治理渠道成员采取揭发行为的意愿和渠道管理者对待渠道成员的揭发行为的态度均具有重要意义,因此,检验揭发行为的影响结果是十分必要的。通过回顾以往的渠道治理研究,可以看出他们关注了不同治理方式对投机行为(Achrol & Gundlach,1999)、遵从行为(Kashyap & Murtha,2017)、冲突(Schilke & Lumineau,2018)、代理行为(Homburg,Vomberg & Muehlhaeuser,2020)和绩效(Liu,Luo & Liu,2009)等方面的影响。本书选择渠道绩效,尤其是其焦点二元关系(揭发渠道成员-接收揭发的渠道成员)的关系质量为结果变量。这是因为一方面,绩效是企业最关注的焦点结果之一,且关系质量是企业间合作的核心交换结果(Palmatier,et al.,2006);另一方面,揭发行为同时拥有"好士兵"(Weiskopf & Tobias-Miersch,2016)和"背叛者"(Spoelma,Chawla & Ellis,2020)的标签,对关系质量的影响是有待探究的。因此,本书将检验经销商揭发行为对揭发经销商-制造商关系质量的影响。具体而言,本书将依赖心理框架效应检验不同渠道交易背景下经销商揭发行为对关系质量的影响。

第四，揭发行为研究忽略了组织外部企业层面的揭发行为。关于揭发行为的探讨一直局限于组织内部，包括员工之间的举报（人际揭发）行为（如 Trevino & Victor，1992）和员工对企业的揭发（个体对组织的揭发）行为（如 Kenny & Bushnell，2020）。但在渠道管理实践中，渠道揭发行为发生的可能性是很大的。因为渠道中的错误行为非常普遍，比如跨区域销售（俗称"窜货"），滥用厂家支持费用，提交虚假信息骗取厂家支持费用，同一级别渠道成员之间的恶性竞争等。同时，出于对企业自身利益或整个渠道系统甚至社会的考虑，渠道成员很可能将观察到的破坏渠道运行的行为揭发给渠道管理者，协助渠道监督和管理。Culiberg 和 Mihelič（2017）也指出关注组织外部其他企业的揭发行为会为抑制不当商业行为提供新的思路。另外，尽管现有关于个体层面的员工行为的研究为组织层面的渠道揭发行为（例如经销商揭发）的研究提供了丰富的理论基础，但仍需要专门的研究具体渠道揭发行为。这是因为在组织内部，大部分员工的错误行为（例如浪费组织资源、偷窃等）会增加组织的损失，但对揭发员工本身利益的影响很小。相反，分销网络中经销商的错误行为（例如跨区域营销、恶意降价等）往往会破坏整个渠道系统的运行，同时也对揭发经销商自身的利益产生了影响。并且，与个人不同，作为经济主体，组织在做决策时会更多地考量经济因素。因此，相对于员工揭发，渠道揭发行为更具有利己性，需要重新考量揭发行为的性质、驱动因素及结果。

第 **3** 章　理论基础与概念框架

3.1　经销商揭发

在营销渠道这一组织间系统中,渠道揭发指营销渠道中某一渠道成员发现其他渠道成员的违法、不道德或违规等错误行为,而向可能影响该行为的组织(渠道管理者或相关职能部门)进行报告的行为(张闯和周晶,2018)。因此,渠道揭发也可以划分为不同的类别(具体分类见表3-1):根据被揭发对象的不同,渠道揭发可以分为渠道成员对其他级别渠道成员的纵向揭发和对同一级别渠道成员的横向揭发;根据可能对被揭发行为施加影响的主体,渠道揭发可以分为外部揭发与内部揭发两种类别,其中内部揭发指渠道成员向渠道内渠道管理成员的揭发,外部揭发指渠道成员通过渠道之外的途径进行揭发。其中,横向揭发可以是内部揭发(如制造商-经销商群体中,经销商向制造商揭发其他经销商的错误行为),也可以是外部揭发(如制造商-经销商群体中,经销商向政府监管部门揭发其他经销商的错误行为)。纵向揭发可以是内部揭发(如零售商-批发商-制造商渠道结构中,零售商将批发商的错误行为报告给制造商),也可以是外部揭发(如经销商向政府部门举报制造商的错误行为)。

表 3-1 渠道揭发的类别

揭发类别		描述	例子
按照被揭发者划分	纵向揭发	揭发不同级别渠道成员的错误行为	经销商揭发制造商的伪劣产品
	横向揭发	揭发同一级别渠道成员的错误行为	经销商揭发同一分销网络中其他经销商的窜货行为
按照揭发接收者划分	内部揭发	向渠道内的渠道管理成员进行揭发	在制造商主导的分销网络中,经销商向制造商进行揭发
	外部揭发	通过渠道外的途径揭发	经销商向监管部门揭发

可以看出,纵向揭发(尤其是纵向内部揭发)通常涉及跨层级的揭发,而跨层级的渠道成员之间往往缺少直接的沟通渠道,因而相对于横向揭发,纵向揭发的可能性更低。因此,本书主要关注横向揭发。具体而言,本书关注制造商-经销商群体背景下经销商之间的揭发行为。制造商与经销商群体构成的分销网络为渠道横向揭发行为提供了非常契合的研究背景。在渠道管理实践中,大型制造商通常将自己的产品委托给许多经销商进行销售,从而在特定区域市场内形成比较密集的分销网络。在此网络结构中,制造商通常作为渠道管理者维护渠道秩序,防止经销商的错误行为,但制造商无法观测到经销商的所有错误行为。相反,处于同一渠道网络内的经销商由于相互竞争,加之市场区域重叠或邻近,因而更容易发现彼此的错误行为。由于经销商之间不存在直接的管理与被管理关系,发现错误行为的经销商(揭发者)可以通过将实施错误行为的经销商(被揭发者)及其错误行为向作为渠道管理者的制造商(渠道内部揭发)或者政府职能部门、媒体等(渠道外部揭发)进行报告,对其观察到的错误行为进行制止。相对于渠道外部揭发,制造商更希望经销商进行渠道内部揭发,这是因为外部揭发对经销商和被揭发经销商的声誉均会产生更严重的负面影响,而内部揭发能有效帮助制造商发现经销商的错误行为,减少损失,节约管理成本。同时,通过对一些制造商与经销商高管的访谈,我们发现内部揭发在实践中也较为广泛。基于此,本书主要关注制造商—

经销商群体情境中,经销商之间的揭发行为(一种横向和内部的渠道揭发,简称"经销商揭发")。

在制造商-经销商群体背景下,经销商揭发行为至少涉及四个主要因素:揭发经销商(做出揭发行为的经销商)、被揭发经销商或犯错经销商(因做出错误行为而被其他经销商揭发给制造商的经销商)、制造商(经销商揭发的接收者)和被揭发的错误行为。在同一分销网络中,所有经销商销售同一制造商的产品,遵守同一制造商制定的渠道规则,所以有更多的机会观察到和识别出彼此的错误行为,因而所有经销商都是潜在的揭发经销商和被揭发经销商。然而,即使发现了错误行为,经销商也可以选择是否采取揭发行为,只有当他将错误行为报告给制造商时,他才成为这一事件中的揭发经销商,同时犯错经销商成为被揭发经销商。作为渠道管理者,制造商通常是经销商揭发的接收者,因为制造商有能力制止分销网络中经销商的错误行为并对犯错经销商予以惩处。对于经销商揭发行为涉及的另一个主要因素——被揭发的错误行为,本书将其定义为所有违法、违规或者不道德的行为。其中,违法行为指所有违反法律的错误行为,例如经销商更改产品的生产日期、虚假宣传产品功效等;违规行为指所有违反制造商制定的渠道规范的错误行为,例如经销商的跨区域营销、恶意价格竞争等,这些行为虽没有触犯法律条款,却违反了渠道规则,影响了渠道的秩序;不道德的错误行为指所有违反道德标准的行为,例如经销商利用不恰当手段争夺大客户等,这些行为没有违法或违规,却不符合传统的道德观,也破坏了渠道的氛围。不管是哪种类别,这些错误行为都对制造商和整个渠道系统产生负面影响。

3.2　理论基础

提出经销商揭发的概念后,本书将深入探索经销商揭发的影响因素和作用结果。具体而言,本书将根据亲社会行为理论探索经销商揭发行为的驱动因素和影响结果。下面将主要介绍亲社会行为理论及其在本书中的应用。

3.2.1 亲社会行为理论

亲社会行为是指那些自发的、旨在有益于他人和社会的行为,通常被认为是体现社会能力并与道德紧密相关的行为(Eisenberg, Spinrad & Knafo-Noam, 2015)。对于亲社会行为的研究起源于西方心理学者对帮助行为的探索。随后有学者逐渐将关注的行为拓展至合作、分享、同情、安慰和捐献(Zahn-Waxler & Smith, 1992)。因此,亲社会行为的定义十分宽泛。

亲社会行为的研究始于 20 世纪 70 年代,历经半个世纪的发展,取得了丰硕的成果。发展初期,心理学学者们主要关注外部情境对个体亲社会行为的影响,主要的代表理论包括社会学习理论(social learning theory)和旁观者干预理论(bystander intervention theory)。直至 20 世纪 80 年代中期,社会心理学家 Eisenberg(1986)和 Mussen(1989)开始关注社会个体自身的特征。他们结合前人的研究成果,以及他们关于社会个体特征的探讨,整合并提出了一个较为全面的亲社会行为的理论框架模型,探讨个体自身特征和外部情境特征对其亲社会行为的影响。这一理论模型为后续亲社会行为的研究提供了坚实的理论基础和清晰的研究框架,成为亲社会行为领域里最具影响的理论模型之一。

我们将主要回顾 Eisenberg(1986)的亲社会行为理论模型(图 3-2)。具体而言,他们采取了一种动态视角,描绘了社会个体亲社会行为的整个过程,包含个体确定他人存在对帮助的需要的阶段、个体确定自己亲社会行为意图的阶段和个体确定自己亲社会行动的阶段。在每一个阶段,个体的认知和意图都同时受到其自身特征和外部情境特征的影响。个体在决定是否采取亲社会行为之前,首先需要观察和发现有需要采取行动的外部情境。一方面,不同外部情境对旁观者的亲社会行为的需要程度不同;另一方面,即使面临相同的外部情境,不同个体对外部情境的感知也会存在差异。

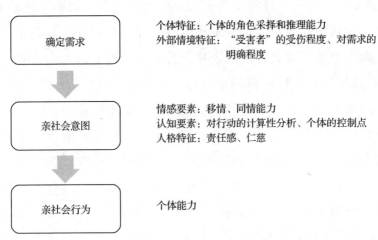

图 3-2 亲社会行为理论模型

亲社会行为模型的第一阶段:确定需求,即个体确定他人存在对帮助的需要的阶段,这会同时受到个体和外部情境特征的影响。在个体特征方面,影响这一阶段的因素包括个体的角色采择和推理能力等。个体对他人观点的采择水平越高,推理能力越强,他对亲社会行为的情境就越明确。外部情境特征方面,影响对他人帮助的需求程度的感知因素包括外部情境中"受害者"的受伤程度、对需求的明确程度等。外部情境中"受害者"的受伤害程度越严重,对帮助的需要越明晰,个体对亲社会行为的情境越明确。在明确了"受害者"需要帮助这一亲外部情境后,不同个体会做出不同的判断,进而形成不同程度的亲社会行为意图。

亲社会行为模型的第二阶段:亲社会意图,即个体确定自己的亲社会行为意图的阶段。Eisenberg(1986)认为影响个体亲社会行为意图的因素包括个体的情感要素(如移情、同情能力)、认知要素(如对行动的计算性分析、个体的控制点)和人格特征(如责任感、仁慈)等。其中,情感要素是个体亲社会行为,尤其是紧急情况下亲社会行为的重要驱动因素。例如,个体的移情能力越强,越想要快速帮助"受害者",从而减轻自己感受到的痛苦。而认知要素是个体通过评判外部环境情况做出的决定。这一过程受到外部情境和个体特征的影响。外部情境可以影响个体的行动计算性分析,包括亲社会行为的成本和收益情况及效用分析。例如,当收益大于成本时,个体就会选择采取亲社会行动。认知要素受个体特征影响,例如控制点的影响。控制点理论认为人们对事情的归因是有偏差的,分为内控者(认为事情发生是个体自身的原因)和外控者(认为事情发生是外部情境导致的)两种情况。根据控制点理论,外控者更倾向于将"受害者"的受害情况归因于外部情境,更有可能采取亲社会行为。最后,人格特征,例如责任感和仁慈等,也会直接影响个体的亲社会行为,即责任感越强、越仁慈的个体,越有可能做出亲社会行为。

确定亲社会行为意图后,进入最后一个阶段:亲社会行为,也就是将意图转换为实际行动。根据动机-机会-能力理论(Motivation-Opportunity-Ability Theory),这一过程主要受到个体能力的影响,即个体越具有做出亲社会行为的能力,越有可能将亲社会意图转换为最后的行动。Eisenberg(1986)的亲社会行为理论模型由此被纳入了个体特征和外部情境特征,成为亲社会理论的基础理论之一。

3.2.2 亲社会行为理论视角下的经销商揭发行为

根据亲社会行为理论,本书将经销商揭发看作一种亲社会行为。亲社会行为是意图帮助他人的积极社会行为,需要满足两个条件:行为主体自发的行为,行为的结果是对他人有益的(Gundlach,Douglas & Martinko,2003)。一方面,揭发不属于经销商的职责范围,是一种角色外行为,具有自发性的特征;另一方面,经销商揭发是意图制止错误行为,减小错误行为对渠道系统、制造商甚至社会带来的损害,是一种主动维护渠道秩序、保护制造商利益的行为,具有对他人有益的特征。

与利他行为不同,亲社会行为允许行为主体在行动时具有利己的动机(Andon, et al., 2018),这一点与本书的研究情境更为契合。作为追求经济利益的主体,经销商采取揭发行为很可能是因为其他经销商的错误行为影响其利益。经销商在考虑是否揭发时,也可能会计算揭发后自己可能获得的报酬或好处,观察到的错误行为越损害自己的利益,制止该错误行为对自己的好处越大,经销商越有可能向制造商揭发。因此,尽管经销商揭发能够通过维护渠道秩序维护制造商及其他渠道成员的利益,但该行为也可以出自利己动机。

本书将根据亲社会行为理论检验经销商揭发的驱动因素和影响结果。具体而言,根据 Eisenberg(1986)的亲社会行为模型,本书将关注经销商的人格特征、认知要素和情感要素对经销商揭发行为的影响,以及经销商揭发行为对其与制造商关系的影响。

3.3　经销商揭发的概念框架

结合揭发行为与营销渠道研究,以亲社会行为理论为基础,本书构建了如图 3-3 所示的研究模型。下面将通过三个子研究分别关注经销商揭发行为的内涵、经销商揭发的驱动因素和影响结果,发展具体的研究假设,并采取定性和定量的研究方法进行检验。其中,研究一的任务为展开经销商揭发行为的探索性定性研究,深入理解经销商揭发的表现形式、性质和动机,初步认识经销商揭发的影响因素和结果,为未来经销商揭发研究奠定坚实的基础,同时帮助发展本书后续的研究假设。研究二关注经销商揭发的驱动因素。本书根据亲社会行为理论构建了经销商人格特征、认知要素与情感要素对经销商揭发行为影响的概念框架。在人格特征方面,我们根据大五人格理论与营销渠道研究关注经销商的责任感对经销商揭发的促进作用。在认知要素方面,我们根据交易成本理论、资源依赖理论与权力-依赖理论等关注经销商的专用资产投入,经销商与制造商的依赖结构如何通过影响经销商的认知过程(包括成本-收益分析与揭发效力分析)促进或抑制经销商的揭发行为。在情感要素方面,我们根据交易成本理论与关系交换理论关注经销商-制造商的关系特征,即经销商对制造商的信任与制造商对经销商的投机对经销商揭发的影响。研究三关注经销商揭发的影响结果。根据亲社会行为理论,本书构建了经销商揭发行为对经销商-制造商关系质量影响的概念框架。同时,我们根据心理框架效应进一步考察经销商揭发对经销商-制造商关系质量影响的边界条件。具体而言,我们认为经销商-制造商的交易危害属性(经销商专用资产投入和市场不确定性)为制造商提供重要的心理框架线索,进而会对经销商揭发对经销商-制造商关系质量发挥作用的过程产生影响。

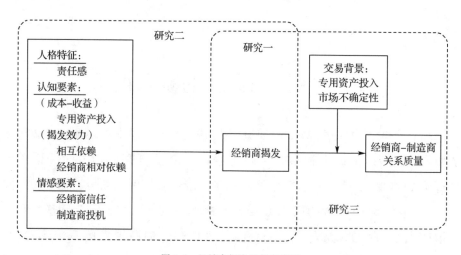

图 3-3　经销商揭发的研究模型

第4章 研究一:经销商揭发行为的探索性定性研究

4.1 研究问题

尽管组织行为领域的员工揭发研究为我们提供了丰富的文献基础,但尚未有研究在渠道背景下检验渠道成员的揭发行为,即渠道研究缺少对揭发行为的关注。因此,在具体讨论影响经销商揭发行为的因素及揭发对渠道关系的影响结果之前,需要结合渠道实践,充分理解经销商揭发行为。本章主要采用访谈的方式来获取更丰富的关于经销商揭发行为的理解,为后续实证研究奠定基础,提供研究思路。

首先,明晰经销商揭发行为的具体表现形式,即经销商通常揭发的是哪些错误行为。结合揭发行为研究与渠道管理实践,本书将经销商揭发定义为经销商将其他经销商的违法、违规或不道德的行为报告给制造商的行为。通过对渠道管理人员的深度访谈,结合营销管理理论,加深对这些错误行为的认识,这对理解经销商揭发行为具有重要意义。正如 Culiberg 和 Mihelič(2017)指出,不同的揭发主体通过不同的途径获取企业错误行为的信息。例如企业审计人员能够接触到企业的财务报表,从而有机会揭发企业的财务造假等错误行为。对于经销商,他们可能由于相近的市场活动范围更了解其他经销商破坏市场秩序的错误行为。因此，确认经销商揭发的具体表现形式有助于我们理解经销商揭发行为的内涵。

其次，确认经销商揭发的性质和动机。组织行为学者认为员工揭发行为是一种亲社会行为，具有自发性和利他性的特征（Dozier & Miceli，1985；Latan，Ringle & Jabbour，2018）。在这一亲社会行为的假定下，组织行为学者对员工揭发行为的动机进行探索。这些动机大致可以分为两类：利己动机和利他动机（Andon，et al.，2018）。那么，渠道成员的揭发也是亲社会行为吗？驱动渠道揭发行为的动机也包括利己和利他动机吗？回答这些问题是非常必要的，因为营销学领域尚未有研究探讨渠道揭发行为，我们需要清晰地界定渠道揭发的内涵与特征，理解渠道成员采取揭发的动机，为未来的研究打下基础。

再次，初步探索经销商揭发的驱动因素，回答在什么情况下经销商更愿意采取揭发行为。具体而言，结合对渠道管理人员的深度访谈与营销渠道理论，如交易成本理论、权力-依赖理论、关系交换理论等，本书将初步识别影响经销商揭发的因素。

最后，初步探索制造商对经销商揭发行为的反应，回答经销商揭发对其与制造商关系的影响。具体而言，结合对来自多行业渠道管理人员的深度访谈与营销渠道理论，本书将初步识别经销商揭发的影响结果。

4.2　研究方法

本书将采用定性研究方法对经销商揭发行为进行探索性分析，原因在于：第一，尽管渠道揭发现象屡见不鲜，但渠道揭发行为尚未得到渠道学者的充分关注，而定性研究方法是当与研究主题相关的实证研究极为有限的情况下非常适用的研究方法之一(Zheng,et al.,2020)。第二,本书旨在探索制造商-经销商群体背景下经销商揭发行为的表现形式、性质、动机、驱动因素与影响结果,主要回答"是什么"(what)和"为什么"(why),定性研究方法能帮助我们更好地回答这些问题(Eisenhardt,1989)。因此,本书遵循以往营销领域定性研究的程序(Zheng,et al.,2020;Steward,Narus & Roehm,2018)进行样本选择、资料收集与数据分析。

4.2.1　样本选择

本书主要根据典型性原则与理论抽样原则进行样本选择。首先,本定性研究的目的是形成对经销商揭发行为的认识,而非检验经销商揭发行为的理论假设,因此样本选择应具有典型性(Yin,2003)。基于典型性原则(陈逢文等,2020),本书确认了样本选择的标准:第一,样本所处渠道需要在特定市场区域内采取密集型渠道结构,即在制造商-经销商群体渠道结构下的制造商或经销商,才符合本书的研究情境。第二,样本所处行业应存在较普遍的经销商错误行为及揭发现象,为本书提供契合的研究资料。第三,样本中被调查的渠道中的制造商应作为渠道管理者负责渠道整体设计与运行,并重视对渠道成员的治理。根据上述原则与标准,本书主要选择来自汽车、电子、家居和食品行业等企业。这些行业的普遍特点是一般会选择密集型的渠道策略,即同时与多家经销商合作形成制造商-经销商群体这样的分销网络结构,这就为我们研究揭发行为提供了非常契合的研究背景。销售同一个制造商的产品使同一个分销网络结构中的经销商更容易发现和识别出彼此的错误行为,而且作为利益共同体,某经销商观察到其他经销商的错误行为后更倾向于向制造商(相对于外界媒体)揭露此行径,因此这些行业中的经销商揭发现象更加普遍。同时,这些行业中的制造商在渠道中通常作为渠道管理者处于权力优势地位,使经销商揭发更能有效发挥作用,因而也更能得到重视。此外,理论抽样原则指出样本需要尽可能覆盖研究情境下的各个方面,从而达到理论饱和的目的(Eisenhardt,1989),因此,多行业的选择使我们在增强样本的外部效度的同时也提升了样本的饱和度。我们选择这些行业中的经销商或制造商企业专门负责与渠道伙伴打交道的中高层经理(例如采购经理、渠道经理、销售经理等)进行访谈,分别从经销商与制造商的角度探索经销商揭发行为,进一步提升理论饱和度。

4.2.2 资料收集

本书采取一手资料(访谈、现场观察和档案文件)与二手资料(企业宣传材料和网络二手资料等)相结合的方式进行资料收集。多渠道资料来源可以保证数据的完整性和可靠性,且通过数据之间三角验证进一步保证数据的准确性,最终提高数据的效度(Yin,2003)。

深度访谈是本书采取的主要数据收集方法。具体而言,我们遵循以往研究的深度访谈程序(韩炜等,2018),开展了三个阶段的访谈。第一阶段为开放式访谈:我们先向被调查者介绍经销商揭发行为的定义,不设置具体问题,让他们根据定义自由探讨相关的现象和观点。这一阶段的目的是了解经销商揭发现象在被访谈企业所处渠道中的真实情况,包括发生频率、表现形式及经销商和制造商对此行为的态度等,从而确认样本选择的契合性,并为下一阶段做铺垫。第二阶段为半结构化访谈:我们根据第一阶段的访谈内容与事先拟定的研究问题对被访谈者进行提问,这些问题主要包括:经销商揭发的错误行为都有哪些?经销商揭发是制造商规定的还是自愿的?经销商揭发是出于对渠道其他成员或社会利益的保护,还是对自己利益的考虑?经销商一般在什么情况下会选择揭发?面对经销商的揭发,制造商一般如何反应?通过这些访谈,我们能够初步回答本书的主要研究问题。第三阶段为结构化访谈,主要围绕上一阶段的问题进行确认和补充,完善访谈资料。同时,我们将识别出的构念向企业求证,提升数据效度。

在访谈方式方面,我们选择个人访谈与群体访谈两种方式,具体而言,包含了 10 个个人访谈和 2 组群体访谈。其中,个人访谈的访谈对象有 5 名来自经销商,5 名来自制造商。我们对这 10 名渠道相关负责人进行深度访谈,每次访谈持续 30 至 90 分钟。以往研究表明个人访谈是探索新的研究主题时最适合的研究方法(Kashyap & Murtha,2017;Zheng,et al.,2020)。本书的个人访谈的主要目的是加深对经销商揭发概念和性质的理解。个人访谈的半结构化问题主要围绕被揭发的错误行为种类、经销商揭发的动机、对揭发行为的认识等。2 组群体访谈的访谈对象均来自制造商,他们分别是食品行业和汽车行业某大型制造企业的各个大区的渠道经理。两组访谈均持续 90 分钟左右。群体访谈的一个好处是被访谈者在访谈过程中并不是单独的被访问者,会感觉到更加舒适,因此它也是访问敏感性问题更适宜的方法(Rousselet,et al.,2020),更加契合揭发行为这一研究主题。我们的群体访谈主要目的是了解经销商揭发的前因和作用结果,所以访谈问题主要围绕经销商揭发(或制造商接收经销商揭发)的经历、什么情况下经销商会采取揭发行为,以及制造商是如何看待经销商揭发行为的。访谈的详细信息见表 4-1 和表 4-2。

表 4-1　个人访谈信息

受访者编号	1	2	3	4	5	6	7	8	9	10
职位	经销商经理/制造商渠道经理									
行业	汽车	电子	家居	家居	家居	汽车	汽车	食品	食品	食品
访谈时长(分钟)	75	45	60	30	75	60	60	75	90	60
目的	识别分销渠道中的错误行为;加深理解经销商揭发的性质和动机									

获取访谈资料后,我们通过电子邮件和微信等非正式沟通方式进一步补充完善信息,并根据现场观察、网络资料和企业宣传资料等对相关信息加以补充验证。

表 4-2 群体访谈信息

受访群体编号	1	2
参与主体	10 名制造商渠道经理	10 名制造商渠道经理
行业	食品	汽车
访谈时长（分钟）	90	90
目的	初步了解经销商在什么情况下会采取揭发行为；初步了解制造商对经销商揭发行为的反应	

4.2.3 数据分析

本书首先由研究团队中的两名博士生对所获质性资料按照被访谈人员编号（编号详细信息见表 4-1 与表 4-2）进行登录汇编。随后，本书遵循质性资料的规范性要求，参照 Miles 和 Huberman（1994）与肖静华等（2018）的做法，通过数据缩减、数据陈列、结论及验证三个步骤开展对数据整理与分析过程。

首先，我们对访谈资料进行聚焦与筛选，即数据缩减。具体来说，我们将所获质性资料按照研究问题（经销商揭发的表现形式、性质、动机、驱动因素和影响结果）进行选择与分类，删去与研究无关的内容，从而缩减数据材料。此过程由研究团队中的博士生通过背靠背编码方式独立完成。编码方案借鉴以往定性研究的做法，采取三级编码的方式（王凤彬、王晓鹏和张驰，2019）。然后我们根据质性资料与相关研究文献识别出关键构念与逻辑关系，形成初级编码。在此基础上，我们根据营销及相关理论对初级编码进行合并，形成二级编码。最后我们再根据二级编码和具体研究问题确定核心维度，形成三级编码。以经销商揭发的表现形式为例，我们首先通过访谈内容析出现实渠道环境中经销商一般会揭发的错误行为，得到的初级编码包括"产品造假""产品质量不合格""非正常价格竞争""跨区域销售""虚假广告"等。根据得到的初级编码及营销领域的

"4P"理论，我们进一步形成二级编码，包括"产品相关""价格相关""渠道相关""促销相关"。最后，我们将这些内容归类为对被揭发的错误行为的描述，并形成三级编码"经销商揭发的表现形式"。表 4-3 列出了本书编码结果。

表 4-3　　　　　　　　　　　　　编码结果

一级编码	二级编码	三级编码	访谈内容示例
经销商揭发的表现形式	产品相关	产品造假	我们的一些经销商在出售正品的同时也出售假冒产品
		产品质量不合格	许多经销商以正价销售不合格产品
	价格相关	非正常价格竞争	我们经常收到举报，说一些经销商违反了价格限制规定
	渠道相关	跨区域销售	有些经销商在指定的区域市场之外销售产品
	促销相关	虚假广告	他们（其他经销商）有时会错误地夸大我们产品的功能
经销商揭发的性质	亲社会属性	自发性	这个（揭发）并不是硬性要求，合同里也没规定
		利他性	揭发肯定是对制造商有好处的
经销商揭发的动机	内部动机	道德驱动	这是作为一个正直的企业家应该做的
		情感驱动	他们来告诉我们有些经销商的违规活动主要是为了帮我们（制造商），为我们好
	外部动机	利益驱动	制造商的品牌名声下降也会威胁到我们的生意
经销商揭发的驱动因素	人格特征	经销商责任感	那些责任感越强的经销商一般会越愿意揭发
	认知要素	经销商专用资产投入	来向我们（制造商）揭发的经销商都是那些投了很多精力和资源在我们产品上的经销商
		经销商与制造商的依赖结构	一般都是那些相对强势的经销商过来给我们（制造商）揭发。跟我们（制造商）合作更紧密的经销商更愿意揭发
	情感要素	经销商对制造商的信任	那些更信任我们（制造商）的经销商更经常揭发
		制造商对经销商的投机	那些平时总认为我们（制造商）欺骗他们（经销商）的经销商基本没有揭发过
经销商揭发的影响结果	关系绩效	关系质量	如果他们告诉我们了，那我们之间的关系肯定会更加深厚

其次,我们将编码后的数据进行合并和整合,并通过两种方式进行检验。一种方式,我们将访谈内容打散,重新进行上一轮编码过程,并将两轮编码结果进行比对,纠正不一致的编码内容。另一种方式,我们分别通过组内与组间讨论和检查的方式对编码内容进行复核。通过不断讨论、补充、纠正与复核资料,本书的信度与效度得到进一步的保证。

最后,我们基于数据陈列的结果形成理论框架。本书以制造商-经销商群体背景下经销商将其他经销商的错误行为报告给制造商的揭发行为为分析重点,关注其内涵、性质、动机、影响因素与结果,根据数据编码结果形成证据链。参照以往定性研究的结论与印证程序(Stake,2005)及复现逻辑原则(Yin,2003),本书根据数据陈列结果填充证据链,形成理论框架,并通过不断迭代这一过程印证和强化该理论框架。

4.3　研究发现

4.2.1　经销商揭发的表现形式

个人访谈和群体访谈的结果显示,企业的错误行为在分销网络渠道中十分普遍。受访者所报告的渠道中经销商的错误行为可以分为产品、价格、地点、促销四类,这与营销组合的4P理论是一致的。这些错误行为包括产品造假、质量不达标、非正常价格竞争、跨地区销售、虚假促销等。这一发现与Cheng等人(2019)的研究一致,他们的研究表明,企业的不道德行为,如误导性广告和产品造假时有发生。表4-4列出了支持我们阐述的一些重要访谈引用。值得注意的是,虽然这四种类型的错误行为几乎存在于所有行业,但它们对分销渠道的不利影响和对公众的伤害程度却有很大的不同。举例而言,在食品和饮料行业的产品造假和质量不达标可能会给消费者带来严重的疾病,比如由婴儿配方奶粉掺假造成的严重疾病等。而错误行为的严重程度会影响举报的可能性(Andon,et al.,2018)。

表 4-4　　　　　　　　　　　揭发行为表现形式的访谈结果

类别	错误行为	代表访谈内容	例子
产品相关	产品造假	我们的一些经销商在出售正品的同时也出售假冒产品。这些行为经常被其他经销商揭露给我们(受访者♯8,制造商)	有的酒类经销商以品牌方的名义销售假酒
	质量不合格	有的经销商以正价销售不合格产品。有时候他们的产品达不到合同规定的质量标准,但他们欺骗了顾客。我们若发现这种情况会通知制造商(受访者♯5,经销商)	有的地板经销商在不告知消费者的情况下向消费者销售有裂缝的地板
价格相关	非正常价格竞争	我们对所有经销商建立了价格体系,允许他们在一定程度上调整价格。但我们经常收到举报,说一些经销商违反了价格限制规定(受访者♯6,制造商)	有的汽车经销商以低于厂商规定的最低价格销售汽车,以吸引更多的消费者
渠道相关	跨地区销售	窜货(跨地区销售)确实是个问题。有些经销商在指定的区域市场之外销售产品。这种行为完全打乱了分销渠道,我们已经向厂家报告过好几次了(受访者♯2,经销商)	一个城市的汽车经销商在市场价格较高的另一个城市销售汽车
促销相关	虚假促销	他们(其他经销商)有时会错误地夸大我们产品的功能。例如,他们可能会编造一个床垫原本没有的功能,比如对抗高血压,但那不是真的。据我所知,其中一些经销商被其他经销商举报了,并得到了厂家的处罚(受访者♯3,经销商)	超市将一种蛋白质型固体饮料错误宣传为奶粉进行销售

4.2.2　经销商揭发的性质与动机

在揭发的性质上,访谈结果(表 4-5)显示,大多数受访经理认为揭发具有利他性和自愿性。从采访中可以看出,大多数被揭露的错误行为可能会产生对整个分销渠道的破坏或对公众的伤害,而不论揭发是出自利己还是利他的动机,揭发本身的结果都是造福他人(如制造商或消费者)的,即揭发的本质是利他的。其中,一个受访经销商经理是这样表述揭发的利他性的:"如果被揭露的错误行为不再能伤害消费者或者制造商了,那这个揭发就算是达到目的了。"(受访者#1)更具体地,也有受访者直接表示:"比如说,有些经销商用劣质假冒的地板跟真品一起销售,向顾客介绍产品的时候介绍真品,送货就送伪劣产品,这最后是对整个品牌的声誉有影响的,所以把这些情况告诉制造商能帮它维护好自己的品牌形象。"(受访者#5)除了利他性,揭发行为也具有自愿性的特征,因为它并没有在分销合同中规定出来。例如,一名受访经销商经理表示:"作为经销商,我们的工作是销售产品,我们不是来维持渠道秩序的,这是制造商的工作。但是如果允许的话,我们可以通过揭发来帮助他们。"(受访者#3)

表4-5 揭发行为性质的访谈结果

揭发性质	代表访谈内容
利他性	揭发肯定是对制造商有好处的,它能帮制造商管理渠道运行,防止渠道秩序的混乱或者对其名誉的损害,这些最后都是维护制造商的利益的(受访者#2)
	如果被揭露的错误行为不再能伤害消费者或者制造商了,那这个揭发就算是达到目的了(受访者#1)
	比如说,有些经销商用劣质假冒的地板跟真品一起销售,向顾客介绍产品的时候介绍真品,送货就送伪劣产品,这最后是对整个品牌的声誉有影响的,所以把这些情况告诉制造商能帮它维护好自己的品牌形象(受访者#5)
	我们(制造商)没办法完全监管到经销商们的全部活动,不管经销商是出于什么目的去揭发,揭发本身都是能帮我们管理整个销售网络的(受访者#6)
自愿性	作为经销商,我们的工作是销售产品,我们不是来维持渠道秩序的,这是制造商的工作。但是如果条件允许的话,我们可以通过揭发来帮助他们(受访者#3)
	这个(揭发)并不是硬性要求,合同里也没规定,这就是经销商的个别行为(受访者#7)
	制造商交给我们产品,我们按要求卖,就是这样。至于看见别的经销商的违规行为,我们是否需要向制造商报告,对此没有规定(受访者#4)

　　访谈结果发现，尽管经销商揭发具有利他性，但经销商采取这一行动不仅受到内部动机的驱使，同时也具有自利的外部动机，这也与亲社会行为理论的主张相一致。具体来说，根据对经销商和制造商经理的访谈，一些经销商揭发是受到道德责任驱动的。一名受访者解释说："通过欺骗、假冒或其他不道德的方式来赚钱是错误的，他们（犯错经销商）的错误行为应该被及时制止。"（受访者♯4）这反映了一些经销商采取揭发的利他性动机，正如这位经销商所强调的："揭发是防止消费者和制造商受到进一步损害而应该做的事情。"（受访者♯4）这一观点也与现有的发现揭发者的伦理判断和道德责任对揭发促进作用的研究结论一致（Andon, et al. ,2018；Latan, Ringle ＆ Jabbour, 2018；Weiskopf ＆ Tobias-Miersch, 2016）。也有一些访谈结果表明经销商揭发可能出自情感性的内部动机，正如我们的一名受访制造商经理所说："一些规模比较大的经销商，他们其实已经有一定的地位了，那他们来告诉我们有些经销商的违规活动主要是为了帮我们（制造商），对他们本身来说其实没什么影响。"（受访者♯8）除了经销商的利他动机，也有一些访谈结果显示经销商揭发可能会受到利己动机的驱动。一些受访者表示，揭发可以获得更好的声誉，与制造商建立更持久的关系，或营造更稳定的经营环境。举例而言，一名受访经销商经理表示："我们必须承认它（揭发）也为自己保证了一个安全的商业环境，并通过揭发展示我们的善意和诚意，制造商可能会更喜欢我们，给我们更多的资源。"（受访者♯5）这些访谈结果证实了经销商揭发与员工揭发相同（Andon, et al. ,2018），可能同时受内部与外部动机的驱动作用（表4-6）。

4.2.3　经销商揭发的驱动因素

　　除了渠道中经销商的错误行为、经销商揭发行为的性质和动机，我们同时也询问了受访经销商和制造商，何种经销商或在什么情形下经销商更有可能进行揭发，以及经销商揭发会带来什么样的结果。

表 4-6 揭发行为动机的访谈结果

类别	揭发动机	代表访谈内容
内部动机	道德驱动	揭发是防止消费者和制造商受到进一步损害而应该做的事情……通过欺骗、假冒或其他不道德的方式来赚钱是错误的,他们(犯错经销商)的错误行为应该被及时制止(受访者＃4)
		即使这(指揭发)是耗费成本和有风险的,我们仍然愿意向制造商报告这种情况(指其他经销商的错误行为),因为这是作为一个正直的企业家应该做的(受访者＃5)
	情感驱动	一些规模比较大的经销商,他们其实已经有一定的地位了,那他们来告诉我们有些经销商的违规活动主要是为了帮我们(制造商),对他们本身来说其实没什么影响(受访者＃8)
外部动机	利益驱动	我们必须承认它(揭发)也为自己保证了一个安全的商业环境,并通过揭发展示我们的善意和诚意,制造商可能会更喜欢我们,给我们更多的资源(受访者＃5)
		有些经销商卖伪劣产品,损坏了这个品牌的声誉,这也会威胁到我们的生意,所以有时候揭发也是对自己负责(受访者＃1)
		但我们经销商之间的信息流通是很快的,大家都是在这个行业,揭发了对谁影响都不好,很多人也不愿意多管闲事(受访者＃4)

在对访谈材料进行编码和分析的过程中,我们发现影响经销商揭发的因素与亲社会行为理论模型一致(Eisenberg,1986),包含经销商的人格特征、认知要素与情感要素。具体而言,在本书的访谈背景下,许多受访者提到经销商的重要人格特征——责任感——对揭发的促进作用。例如,有受访者提出"一定不是所有经销商都会这么做的(采取揭发行为),那些责任感越强的经销商一般越愿意揭发"。很多受访者提到经销商的专用资产投入,经销商与制造商的依赖结构是经销商在分析揭发决定的认知过程,包括成本收益以及揭发的有效性时会考虑的主要要素。例如,很多渠道经理表示"更多情况下,来向我们揭发的经销商都是那些投了很多精力和资源在我们产品上的经销商,比如只销售我们品牌汽车的4S店,因为他们如果不揭发那些错误行为的话,我们倒了他们也会很危险"。又如,有渠道经理表示"经销商揭发也跟他们的地位有关,一般都是那些

相对强势的经销商过来给我们揭发,弱势的经销商基本不太会,他们可能想即使他们说了,我们也不太会回应"。同时,受访者表示经销商感知到的与制造商的关系和情感也会影响其揭发意愿。根据群体访谈的内容,我们总结出了经销商对制造商的信任、制造商对经销商的投机对经销商揭发的影响。访谈结果表明经销商揭发往往出现在经销商信任程度较高或制造商投机水平较低的制造商-经销商关系中。例如,有受访者表示"他们(经销商)因为信任我们(制造商),愿意帮我们,所以跟我们一起维护渠道秩序"。表 4-7 总结了一些重要的相关访谈内容。

表 4-7　　　　　　　　　　揭发行为驱动因素的访谈结果

类别	经销商揭发的影响因素	代表性访谈内容
人格特征	经销商责任感	一定不是所有经销商都会这么做的(采取揭发行为),那些责任感越强的经销商一般越愿意揭发; 有些经销商本身就很有责任感,就愿意揭发,愿意主动做对渠道或对社会有益的事情
认知要素	经销商专用资产投入	更多情况下,来向我们揭发的经销商都是那些投了很多精力和资源在我们产品上的经销商,比如只销售我们品牌汽车的4S店,因为他们如果不揭发那些错误行为的话,我们"倒了"他们也会很危险
认知要素	经销商与制造商的依赖结构	经销商揭发也跟他们的地位有关,一般都是那些相对强势的经销商过来给我们揭发,弱势的经销商基本不太会,他们可能想即使他们说了,我们也不太会回应; 跟我们(制造商)合作更紧密的经销商更愿意揭发
情感要素	经销商对制造商的信任	他们(经销商)因为信任我们(制造商),愿意帮我们,所以跟我们一起维护渠道秩序; 那些更信任我们(制造商)的经销商更经常揭发
情感要素	制造商对经销商的投机	反而有一些经销商肯定不会来揭发,因为他们平时就总跟我们(制造商)或者跟其他人抱怨说我们压榨他们或者利用他们,所以他们即使看见对我们不利的事情,也不会告诉我们的; 那些平时总认为我们(制造商)欺骗他们(经销商)的经销商基本没有揭发过

4.2.4　经销商揭发的影响结果

两组群体访谈结果表明制造商会根据具体交易特征来理解经销商的揭发行为。当经销商专用资产投入较高时，经销商的揭发对他和制造商的关系的影响会比较弱。而当市场不确定性较高时，制造商更喜欢经销商的揭发行为。受访者代表性访谈内容见表 4-8。

表 4-8　　　　　　　　　　**揭发行为影响结果的访谈结果**

经销商揭发的影响结果	代表性访谈内容
揭发经销商-制造商的关系	对于我们（制造商）来说，会感谢揭发的经销商，因为他们主动承担维护渠道和我们的利益的责任。但有些经销商是因为跟我们已经成为利益共同体了，他们也是没办法，这就要视情况而定了
	有时候经销商能获得我们（制造商）得不到的信息，比如一些窜货或者向消费者滥收手续费之类的现象，如果他们告诉我们了，那我们之间的关系肯定会更加深厚
	他们（经销商）揭发的价值也不一样，市场比较难预测的时候，我们（制造商）这个监督经销商的能力就比较受限，那他们之间的揭发对我们的价值就比较大，我们更欢迎这种揭发

4.4　小　结

我们通过定性研究发现，经销商揭发行为通常表现为四种形式，分别与产品、价格、渠道与促销相关。这一结果表明在渠道背景下，经销商更有可能发现同渠道中其他经销商的错误行为覆盖了产品、价格、渠道与促销等方面。可以发现，这些错误行为均会扰乱市场秩序，违反渠道公平，侵害渠道中制造商与经销商们的利益。因此，渠道背景下企业被同行经销商所揭发的错误行为与被企业内部员工所揭发的错误行为是互不相同的，这也证实了 Culiberg 和 Mihelič（2017）的想法，体现了经销商揭发对管理实践的重要意义。

经销商揭发具有自发性与利他性的特征，因而具有亲社会性质。组织行为研究指出组织内部的员工揭发行为具有亲社会性质（Latan，Ringle & Jabbour，2018），因此本研究结果进一步拓展了揭发行为研究，认为揭发行为在组织内部与渠道背景下均具有亲社会性质。同时，根据组织间角色外利他行为研究（Wuyts，2007），亲社会的经销商揭发行为也属于组织间角色外利他行为，因此通过聚焦经销商揭发行为拓展了组织间角色外利他行为的研究。此外，Wuyts（2007）指出组织间角色外利他行为具有内部的情感性与外部的工具性动机，本书的研究结果进一步验证了揭发行为研究中对揭发行为同时具有内、外部动机的主张（Latan，Ringle & Jabbour，2018），我们认为除了情感性与工具性动机，经销商揭发还受到道德动机的驱动。

本研究结果发现了经销商揭发的驱动因素与影响结果，访谈结果表明经销商的人格特征、认知要素与情感要素均会影响经销商的揭发行为，其中责任感、经销商的专用资产投入、经销商与制造商的依赖结构、经销商信任与制造商投机均是经销商揭发的决定性因素。另外，经销商揭发对经销商与制造商的关系质量存在促进作用，且这一促进作用依赖于经销商的专用资产投入与市场不确定性程度。上述研究发现为后续的实证研究奠定了基础。

第**5**章　研究二：经销商揭发的驱动因素研究

>>>

本章将考察揭发经销商-制造商二元关系下经销商揭发的驱动因素。本书以亲社会行为理论为基础建立经销商揭发行为的研究框架，关注经销商人格特征、认知要素与情感要素对经销商揭发行为的影响。根据大五人格理论、交易成本理论、资源依赖理论、权力-依赖理论与关系交换理论，本章将检验经销商的人格特征（责任感）、认知要素（专用资产投入、相互依赖和相对依赖）与情感要素（经销商信任和制造商投机）对经销商揭发的影响。

5.1　经销商的人格特征、认知要素与情感要素对揭发的影响

5.1.1　经销商的人格特征、认知要素与情感要素

1.经销商的人格特征：经销商责任感

大五人格理论指出个体的责任感是最主要的人格特质之一（Caspi，

Roberts & Shiner,2005)。在渠道背景下,经销商的责任感表明经销商在日常运作过程中具有严于律己、有条不紊的特点(张闯和秦冬露,2016),是组织重要的人格特征,体现了经销商对秩序的重视,进而可能影响其对违反秩序行为的反应。

2. 经销商的认知要素:经销商专用资产投入,经销商与制造商的依赖结构

认知要素主要通过影响个体对亲社会行为的主效用分析过程影响其行动,这包含了成本-收益分析与揭发效力分析两个过程。一方面,认知分析过程的一个隐含的逻辑是个体采取亲社会行为的成本(如身体或物质上的损害)越低(或收益越高),其行动的可能性就越高(Eisenberg,1986)。遵循这一逻辑,管理学者将成本-收益分析纳入员工揭发的理论框架,认为当员工采取揭发的成本(如工作的丢失、对职业生涯的危害、对企业生存的威胁等)越低,揭发的可能性越高(Gundlach,Douglas & Martinko,2003)。根据交易成本理论,渠道成员可以依据其针对合作伙伴的专用资产投入计算交易关系结束的损失进而衡量揭发的成本(Rokkan,Heide & Wathne,2003)。因此,在经销商-制造商关系中,经销商的专用资产投入可以通过影响经销商对揭发的成本-收益分析过程影响其最终的行动。认知因素影响亲社会行为的另一个逻辑是效力分析,即个体预期的亲社会行为达到效果的可能性越高,其采取行动的可能性越大(Diamond & Kashyap,1997)。例如,Pilliavin 等(1981)指出在紧急医疗中,只有当旁观者认为自己的帮助行为会起到作用时才会伸手援助。同样,组织管理领域发现揭发效力(能够成功对接收揭发的组织施加影响的可能性)是员工在决定是否采取揭发时的重要决定因素(Near,Dworkin & Miceli,1993)。基于此,本书将揭发效力分析纳入经销商揭发的理论框架。在制造商-经销商群体背景下,经销商揭发效力即为经销商的揭发行动能够对制造商施加影响的可能性。权力-依赖理论认为渠道合作伙伴对彼此的影响力取决于双方的依赖结构,即渠道成员之间对彼此资源的依赖程度(Emerson,1962)。因此,经销商可能根据其与制造商的依赖结构分析揭发的效力,进而决定其揭发行为。

3. 经销商的情感要素:经销商信任与制造商投机

Eisenberg(1986)的亲社会行为模型指出,人们决定是否采取亲社会行为,也受到个体的情感因素的影响,个体与"受害者"感情越深、关系越好,越愿意帮助对方脱离困境。因此,在渠道背景下,经销商感知到的与制造商的关系特征也会对经销商的揭发行为产生影响。并且作为一种渠道行为,经销商揭发必然会受到其所在的组织间关系特征的影响。因此,本书关注经销商与制造商的组织间关系特征对经销商揭发的影响。

根据传统的营销渠道研究,交易成本理论(Brown,Dev & Lee,2000)和关系交换理论或社会交换理论(Poppo,Zhou & Li,2016)是探索组织间交换关系的两个主流理论视角。其中,交易成本理论将合作伙伴视为计算交易成本和收益的理性经济人,只要存在机会交易伙伴就会采取投机行为(Brown,Dev & Lee,2000)。交易成本理论认为交易风险的存在,如专用资产投入和不确定性等,会诱发交易伙伴的投机行为(Poppo & Zenger,2002;Rokkan,Heide & Wathne,2003),如逃避、违反、拒绝适应和强迫重新协商等,这些行为会损害组织间合作和交换关系的稳定性。因此,根据交易成本理论,投机是描绘组织间交换过程氛围的重要特征,因而也是影响渠道成员们未来渠道行为和渠道绩效的重要决定因素(Wathne & Heide,2000)。另外,关系交换理论假定交易主体为有情义的关系人。这一流派将长期的交换关系,而不是及时的、单独的交易,作为分析单位,强调关系规范在渠道合作关系中的关键作用(Poppo,Zhou & Li,2016)。关系交换理论认为交换双方在重复交易中培养信任,以培育进一步的企业间合作(Heide & John,1992;Poppo & Zenger,2002),因为渠道成员对其合作伙伴的信任可以降低交易成本,增加相互适应性,促进合作(Gundlach & Cannon,2010)。因此,根据关系交换理论,信任是描绘组织间交换过程氛围的重要特征,因而也是决定渠道成员未来的合作行为和渠道绩效的重要决定因素(Gundlach & Cannon,2010)。

本书根据 Lado,Dant 和 Tekleab(2008)的做法,采纳一个更温和的视角,即假设交易主体同时包含经纪人与关系人的视角,试图通过同时检验具有不同水平的信任与投机的交换关系来获取对经销商-制造商关系更全面的理解,进而得到经销商-制造商交换关系对经销商揭发行为影响的综合结果。具体而言,我们认为经销商自身对制造商的信任水平与制造商对经销商的投机水平是影响经销商是否要采取揭发行为的决定性因素。

综上,本书结合 Eisenberg(1986)的亲社会行为框架与大五人格理论、交易成本理论、权力-依赖理论和关系交换理论等,探讨经销商的人格特征(经销商责任感)、认知要素(包括成本-收益分析和揭发效力分析)与情感要素(经销商信任与制造商投机)对其揭发行为的影响。本小节的研究框架如图 5-1 所示。

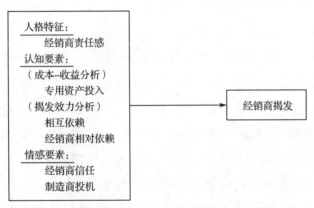

图 5-1 经销商的人格特征、认知要素与情感要素对揭发的影响

5.1.2 研究假设

1. 经销商的责任感与揭发行为

责任感泛指自信、有条理、可依赖、追求成就、自律和深思熟虑等特点

(Barrick & Mount,1991)。一个具有责任感的经销商会对组织的未来进行规划、设立目标，使日常工作有条不紊地进行。同时，他也会对自己严格要求，认真履行自身义务，努力实现员工、股东甚至社会对他的期望。因此，责任感越强的经销商越有可能主动采取行动制止那些可能会影响企业自身利益的错误行为。

同时，根据行为一致性理论，经销商在不同情境下所采取的行动或行为风格具有一定的稳定性（Epstein,1979），即经销商倾向于在与其他组织（包括制造商）来往过程中表现出与其自身在日常运作时相一致的行为风格。因此，经销商自身的责任感越强，越倾向于在与制造商的合作中也表现出越高责任感的特质，这包括对秩序的严格把控，阻止妨碍渠道运行的错误行为，进而保障合作伙伴的利益。因此，观察到渠道中其他经销商的错误行为后，责任心越强的经销商就越可能会向制造商揭发。

H_1：经销商的责任感与其揭发行为存在正相关关系。

2.经销商的认知要素与揭发行为

（1）经销商的成本-收益分析

经销商的专用资产投入指经销商投入的专用于某个制造商的有形或无形资产，而且这些资产无法应用于其他制造商关系（Heide & John,1988）。当经销商与制造商的合作终止时，经销商针对该制造商投入的专用资产将成为沉没成本，这使经销商被单边锁定在这段关系中（Mooi & Ghosh,2010）。在这种情况下，经销商投入的专用资产越多，在其观察到错误行为以后，就越可能采取揭发行为。这是因为一方面，为了保护自己投入的专用资产，经销商需要主动采取行动维护企业的运营环境。另一方面，经销商也需要维护与制造商的合作关系，促进制造商的长期合作意愿（Schepker,et al.,2014）。而揭发行为相当于经销商向制造商发出的善意信号，表明经销商对制造商及合作关系的责任感与承诺。根据社会交换理论，如果经销商的揭发行为帮助制造商及时发现了渠道中的问题，并纠正错误，避免可能的严重后果发生，制造商会感激揭发经销商的善意和帮助(Simpson,et al. ,2018),从而增强对经销商的信任,双方的合作关系也会变得更为紧密。若经销商不采取揭发行为,则渠道中的错误行为可能导致渠道秩序混乱,使制造商品牌产品的市场绩效降低,进而会影响到所有经销商的利益。在极端情况下,当制造商不得不终止与部分经销商合作时,投入专用资产的经销商将面临更大的损失。因此,经销商投入专用资产越多,其越希望维护与制造商的合作且获取对方的信任与支持,采取揭发行为的利益越大。

H₂:经销商的专用资产投入与其揭发行为存在正相关关系。

(2)揭发效力分析

除了成本-收益分析,经销商在决定是否采取揭发行为时还要考虑揭发的效力(制造商是否会制止错误行为)(Near & Miceli,1995)。根据期望理论,经销商预期揭发的效力越高,采取揭发的意愿越强。本书通过经销商与制造商关系的依赖结构来探讨经销商预期的揭发效果。经销商与制造商之间的依赖结构可以通过相互依赖程度和经销商相对依赖程度两个维度进行刻画(Scheer,Miao & Palmatier,2015)。

相互依赖的强度指经销商与制造商双方对彼此依赖的程度。根据渠道依赖理论,相互依赖程度越高,经销商与制造商越需要对方的资源,合作关系本身对双方的意义越大。在这种情况下,关系双方都会很注重合作关系的维系,制造商也会更加看重与经销商的合作,因而会认真对待经销商揭发的问题。显然,在这样的合作关系中,经销商揭发成功的可能性更大,这会增强经销商的揭发意愿。另外,相互依赖程度较高的经销商与制造商通常合作也更加紧密,拥有更和谐的合作氛围(Scheer,Miao & Palmatier,2015)。在此氛围下,双方更倾向于为对方着想,会促进亲社会行为的发生(Wutys,2007)。

H₃:经销商与制造商的相互依赖程度和经销商揭发行为存在正相关关系。

经销商的相对依赖反映了经销商依赖与制造商依赖的差值,即除去制造商对经销商依赖以后，经销商对制造商的净依赖（Griffith，et al.，2017）。由于专用资产以及信息等资源不对称的存在，经销商与制造商间不对称的依赖结构是普遍存在的（崔蓓和王玉霞，2017）。根据权力依赖理论，经销商相对依赖水平越高，其在关系中越处于弱势地位，经销商就越难对制造商的决策产生影响。在这种情况下，若经销商向制造商揭发其他经销商的错误行为，制造商选择接收其揭发并采取行动的可能性较小，这会对经销商的揭发意愿产生负面影响。

H_4：经销商对制造商的相对依赖程度与经销商揭发行为存在负相关关系。

3. 经销商的情感要素与揭发行为

（1）经销商信任与揭发行为

经销商信任是指经销商对其制造商的信誉和仁慈的感知程度（Doney & Cannon，1997），它反映了经销商在多大程度上愿意在企业间的交换中使自己处于容易受到对方伤害的状况（Poppo，Zhou & Li，2016）。社会交换理论和现有营销渠道研究揭示了信任在培养良好的组织间关系中的关键作用（Heide & John，1992；Fang，et al.，2008）。我们认为经销商信任以两种方式增强经销商的揭发动机。

第一，根据社会交换理论，交换双方通过重复交换积累情感和善意（Homans，1961），其中信任是这一积累过程中重要的决定因素（Blau，1964）。具体来说，经销商对制造商的信任建立在其对制造商未来表现的信心上，即经销商相信制造商在未来合作中会达到其预期，双方可以在良好的关系规范下进行合作。其中，在社会交换中，互惠性是非常关键的关系规范，它要求双方能够对对方的主动合作性行为给予相似的回报（Hoppner & Griffith，2011）。基于这样的预期，经销商信任会降低他对制造商监督的需求，从而降低了交易成本以及与交易关系相关的感知风险（Ganesan，1994；Morgan & Hunt，1994；Mungra & Yadav，2019），最终培养了经销商对制造商-经销商关系的承诺和长期关系导向。这种长期关系导向鼓励经销商更多地关心其制造商，例如追求共同的目标而不是自身的利益（Gassenheimer，Houston & Davis，1998）。此外，经销商信任能够提升制造商-经销商关系质量（Gundlach & Cannon，2010），这有助于培养经销商对其制造商的善意（Lee & Griffith，2019）。综上所述，经销商信任通过带来经销商的长期关系导向和经销商与制造商的关系质量而促进经销商对制造商的关心和善意，而经销商对制造商真诚的关心和善意会推动经销商在发现了其他经销商损害制造商利益的错误行为后将此情况报告给制造商。

第二，由于信任的定义反映了交换的一方对另一方的依赖意愿（Zhong，et al.，2017），具有高信任特征的合作关系往往伴随着高度的相互依赖结构（Lado，Dant & Tekleab，2008）。因为信任，经销商会对制造商高度依赖，例如将全部或大部分公司资源用于销售该制造商的产品。此时，在与制造商的合作中，经销商将自己置于易受伤害的位置，即制造商的运营状况将对经销商产生重大影响。从工具性动机的角度看，观察到其他经销商的错误行为后，揭发经销商会计算错误行为对制造商利益的损害以及可能对自身利益的波及程度。经销商越信任制造商，他对制造商的依赖水平越高，鉴于那些损害制造商利益的错误行为有可能波及自身，为了避免经济损失，经销商越有可能采取揭发行为。

H₅：经销商对制造商的信任会促进经销商揭发。

（2）制造商对经销商的投机与经销商揭发

投机行为，即"狡诈的利己主义"，通常表现为欺骗、逃避和违反协议等行为（Williamson，1985）。参与投机主义行为的制造商可能无法履行承诺，故意说谎，提供伪劣产品，或违反与经销商的协议（Seggie，Griffith & Jap，2013；Wathne & Heide，2000）。在过去的几十年里，交易成本理论学者一直认为投机行为是管理的主要问题（Brown，Dev & Lee，2000；Sheng，et al.，2018）。我们认为制造商投机行为以两种方式抑制经销商的揭发行为。

第一,制造商投机行为可能通过引起经销商的怨恨而阻碍经销商的揭发行为。具体来说,制造商投机行为往往可能损害经销商的利益,因此会引起经销商的反感和不满(Seggie,Griffith & Jap,2013)。在这种消极情感状态下,当经销商发现制造商被其他经销商欺骗时,更有可能采取类似的投机行为进行报复,或者至少选择袖手旁观,导致揭发的可能性较低。这一逻辑也与组织间合作的一些研究结论一致,即面对合作伙伴的竞争性行为,企业倾向于以对抗性的方式予以反馈(Zhuang,Herndon & Zhou,2014)。

第二,经销商在制定揭发决策时还需要考虑揭发的风险。根据交易成本理论,投机行为的存在使交易双方处于高交易风险中(Lado,Dant & Tekleab,2008)。在此基础上我们认为,制造商投机可能通过增加经销商揭发的风险而抑制其投机行为。一方面,制造商投机增加了经销商揭发不被接收的风险。制造商投机行为反映了制造商对它与经销商的合作关系持有相对短期的、即时性的预期(Wathne & Heide,2000),也体现了它对此经销商的不重视程度。因此,制造商投机降低了经销商对于其揭发会被制造商相信和认真对待的期望。事实上,制造商甚至可能将经销商的揭发误认为是诬陷或离间策略。另外,制造商投机增加了经销商的揭发信息被利用的风险。制造商投机本质上反映了经销商在多大程度上有可能被其制造商的诡计所利用(Williamson,1985)。如果一个经销商向制造商揭发了其他经销商的不法行为,投机主义的制造商可能会使经销商面临更高的风险(Lado,Dant & Tekleab,2008),例如将揭发经销商出卖给被揭发的经销商或为了制衡分销网络中经销商们而扭曲信息。因此,考虑到揭发的成本(例如搜集证据的花费),制造商投机会降低经销商揭发的可能性。

H_6:制造商对经销商的投机会促进经销商揭发。

5.2　研究方法

5.2.1　研究设计与数据收集

为检验本书的研究假设,我们采用营销领域传统的实证方法:问卷调查法。由于在营销渠道背景下,收集制造商与经销商的双边配对数据十分困难,我们参考营销渠道研究的普遍做法(如 Wang,Gu & Dong,2013),从经销商一方收取数据。同时,我们选取食品饮料、家用电器及电子产品三个消费品行业作为本书实证检验的调查背景,因为这三个行业多采用密集型的渠道模式,经销商有机会发现和举报同一分销网络中其他经销商的错误行为,与本书的情境相契合。且根据我们对这三个行业的制造商和经销商的渠道经理的事前调研,经销商揭发行为在这三个行业中确实是比较普遍的。因此,我们最终的问卷调查对象确定为食品饮料、家用电器及电子产品三个行业经销商中负责与制造商关系管理的经理(如首席执行官、总经理、渠道经理)。

鉴于对企业中高层经理收集问卷具有一定的难度,而当地的专业市场调研公司可以在新兴市场中获取可靠有效的信息(Gu,et al.,2008),因此我们委托了一家在研究服务领域有着较好声誉的全国性调研公司帮助我们进行问卷收集,从而保证较高的问卷收回率和质量。市场调研公司具体的数据收集过程如下。随机选择了四个城市(长春、大连、哈尔滨和沈阳)的 300 家公司作为总样本。调研公司人员通过电话或电子邮件的方式联系这 300 家公司的经理或相关负责人,并寻求合作。为了鼓励参与,调研公司人员向他们保证调查内容仅用于学术研究,对于他们的回答严格遵守保密原则。调研公司承诺在调查研究结束后提供一份总结报告,并可以将我们的研究结果分享给各个公司,同时向每一名受访者赠送价值 100 元人民币的礼物。最终共有 240 名来自不同公司的经理同意参加。调研公司人员通过面对面访问的方式协助受访者填写问卷,相比于邮寄或电子问卷的方式,更能保证受访者认真填写问卷,保障问卷的质量。填写问卷过程中,受访者被要求选择与他们公司合作的一个主要制造商作为对象,回答有关他们公司与该制造商关系的问题。

我们发出了 240 份问卷,剔除无效问卷后,得到 211 份有效问卷,有效回收率为 87.9%。相比于之前的营销渠道研究,本书的问卷有效回收率体现了问卷整体的高质量。在最终的样本中,被调查者在所属公司的平均工作年限为 8.0 年,行业平均工作年限为 9.5 年,这表明他们对渠道关系有很高的了解程度。这些经销商的平均员工人数为 82.5。他们的平均年销售收入为 1.909 亿元人民币,与主要制造商的合作时间平均为 7.1 年。表 5-1 展示了更详细的样本描述性统计特征。

表 5-1　　　　　　　　　　　　　　　样本描述性统计特征

基本特征变量		频数	占比/%	基本特征变量		频数	占比/%
地址	沈阳	58	27.5	公司工作年限(年)	1~5	80	37.9
	大连	54	25.6		6~10	92	43.6
	哈尔滨	60	28.4		11~15	23	10.9
	长春	39	18.5		16~30	16	7.6
销售额(百万元)	1~50	73	34.8	行业工作年限(年)	1~5	44	20.9
	51~100	50	23.8		6~10	108	51.2
	101~150	26	12.4		11~15	37	17.5
	151~2 000	61	29		16~30	22	10.4
员工数量	10~50	134	63.5				
	51~100	50	23.7				
	101~200	15	7.1				
	201~1 200	12	5.7				

注:211 份样本中有一份样本在销售额方面存在缺失值,但在研究的主要变量中没有缺乏值,因此仍被视为有效数据。为解决缺失值问题,我们在回归分析中采用了均值替代法进行处理。

为检验未响应误差倾向(nonresponse bias),我们对做出回应的公司和没有做出回应的公司的关键特征的平均值(例如,员工数量、销售额)进行 T 检验,但是没有发现显著的差异($p > 0.1$),这表明本书的未响应误差倾向不是一个严重的问题。

5.2.2　问卷设计

1. 经销商揭发的测量方式

我们需要结合现有揭发行为研究与经销商揭发行为的特征设计揭发行为的测量。鉴于员工揭发行为研究的丰富性以及部分实证结果的不一致状况,Near 和 Miceli(1996),Mesmer-Magnus 和 Viswesvaran(2005),刘燕等(2014)以及 Culiberg 和 Mihelič(2017)提供了对已有文献的回顾和元分析,认为对员工揭发的实证检验方式不统一是导致研究结果不一致的主要原因。表 5-2 总结了员工揭发研究的实证操作。现有研究对员工揭发实证检验的方法在以下几个方面存在差异。

表 5-2　　　　　　　　　　**员工揭发研究的实证操作**

	实证方法	代表文献	测量引用
研究设计	实验法	Kaplan,et al.,2009; Miceli,Dozier & Near,1991	第三人称测量: 他(假定为实验情境中设定的人物)会去揭发 第一人称测量: 我(假定为实验情境中的人物)会去揭发
	调查问卷法	Latan,Jabbour & De Sousa Jabbour,2019; Liu,Liao & Wei,2015	揭发行为测量: 是否曾经将观察到的组织中的错误行为正式地报告给其他人或群体 揭发意愿测量: 如果看到有职员违反公司的规章,我会揭发他
测量内容	揭发意愿	Cheng,Bai & Yang,2019; Mayer,et al.,2013;	如果我看到有职员违反公司的规章,我会揭发他
	揭发行为	Cassematis & Wortley,2013; Miceli & Near,1985	是否曾经将观察到的组织中的错误行为正式地报告给其他人或群体

（续表）

实证方法		代表文献	测量引用
测量方式	单题项测量	Lowe,Pope & Samuels,2015	去报告这个有问题的行为的可能性有多大
	多题项测量	Latan, Jabbour & De Sousa Jabbour,2019；Liu,Liao & Wei,2015	员工内部揭发四题项测量： 如果看到工作场所中的错误行为,我会： 告诉上级领导； 告诉组织高层； 采用组织正式揭发渠道； 通过内部程序进行揭发

（1）实验法 V. S. 调查问卷法

员工揭发行为研究主要采用两种方式收取数据：实验法和调查问卷法。

①实验法。现场实验和实验室实验是员工揭发行为研究采用的较普遍的实验方法。其中,现场实验通过给被试者外部刺激（让被试者观察到一种错误行为,例如让其他员工要求被试者进行数据造假等）,观察被调查者的反应（是否采取揭发）（如 Miceli,Dozier & Near,1991）。而实验室实验法通过情境描述,赋予被调查者新的角色和身份,操控自变量的水平（例如,为被调查者指定一名高或低道德水平的领导,然后给定某个错误行为）,同时控制其他可能对因变量产生影响的因素,然后测量被调查者的反应（如 Spoelma,Chawla & Ellis,2020）,对于被调查者的揭发反应可以通过第一人称或第三人称进行测量。实验法的好处在于它能够控制错误行为的情境,增强数据结果的内部效度,且第三人称测量可以降低被调查者的社会期望偏差。但实验法对其他控制变量的控制十分有限,又削弱了内部效度。

②调查问卷法。很多对于员工揭发行为的研究采用调查问卷法收集数据。选择合适的量表测量研究的主要变量（例如员工自身的特征、领导风格、组织文化等）和揭发行为,并用统计方法检验它们之间的关系（如

Liu,Liao & Wei,2015）。调查问卷法检验员工揭发行为最主要的弊端在于存在社会期望偏差问题,即被调查者在知道自己接受调研的情况下,会倾向于表现出符合社会期望的样子。因此,社会期望偏差会导致被调查者不想表达自己真实的想法,降低数据的效度。这就需要研究人员通过其他手段降低这一偏差,例如告知被调查者本次调研的学术目的和调查的匿名性。

（2）员工揭发意愿 V.S.员工揭发行为

在遵循传统的组织行为领域的研究范式下,员工揭发行为的研究采用两种方式对员工揭发的变量进行测量：一种方式是询问员工的揭发意愿,即员工揭发意愿测量；另一种方式是询问员工过去真实的揭发行为,即员工揭发行为测量。

①员工揭发意愿测量。揭发意愿测量是揭发行为研究较普遍的测量方式。具体而言,员工的揭发意愿测量是通过为被调查者提供具体的问题情境,类似于"当你发现你的同事存在偷窃公司财产的行为时",询问被试者揭发的可能性或意愿程度。这一测量方式的好处在于通过为被调查者提供相同的错误行为情境,让被调查者基于同一错误行为回答揭发的可能性,从而提高了数据结果的内部效度。同时,因为可以直接提供给被调查者一个错误情境,因此测量揭发意愿的方法对被调查者的选择没有要求（不要求被调查者曾经真实地观察过其他员工的错误行为）,这样一方面降低了数据收集的难度,另一方面避免了因样本选择带来的内生性问题。这一测量方式同样存在弊端。因为理论研究的最终目的是探索员工真实的揭发行为,所以学者就揭发意愿测量是否能代表真实的揭发行为展开了争论（Mesmer-Magnus & Viswesvaran,2005）。尽管揭发意愿测量不能完全代表真实的揭发行为,但意愿是行为最主要的影响因素,用意愿程度代表真实行为已经是组织行为领域普遍接受的实证测量方法（如 Liu,Liao & Wei,2015）。

②员工揭发行为的测量。也有少数学者测量真实的揭发行为。员工真实的揭发行为的测量是让被调查者回忆其真实发现过的其他员工的错误行为,并询问被调查者当时是否采取了揭发。这一测量方式的好处在于它直接测量了员工曾经真实发生过的揭发行为(是/否),从而提高了数据的测量效度。但这一测量方式也存在弊端。一方面,被调查者是根据自己曾经真实观察到的其他员工的错误行为回答自己的揭发反应,而每个被调查者观察的错误行为各有不同,从细小的其他员工的浪费纸张和不节约用电等到严重的行贿受贿等,这些错误行为的严重程度不同,对被调查者自身利益的损害程度不同,这些因素均会对员工最终的揭发行为具有影响。因此,错误行为的不同会降低数据结果的内部效度。另一方面,测量真实的员工揭发行为需要一个前提条件是被调查者需要曾经观察到其他员工存在错误行为,否则就无法回答是否选择了揭发这一问题。由此可见,这一测量方式需要对样本进行筛选,而筛选样本就会导致内生性问题。因此,选择这一测量方式的研究同时需要解决内生性问题,例如Heckman 二阶段法。

(3)单题项测量 V.S. 多题项测量

对于揭发行为的测量,现有研究采用单题项测量,即询问被调查者"是否采取了揭发"。而对于揭发意愿的测量,现有研究分别采用单题项测量和多题项测量。

①单题项测量。一些学者通过单个问题直接测量被调查者的揭发意愿,更具体地,他们询问被试者对下面这句话的同意程度,即"我会选择揭发这个错误行为"(如 Trevino & Victor,1992)。

②多题项测量。一些学者采取多题项测量的方式对被调查者的揭发意愿进行测量。员工揭发的多题项测量表通常将揭发划分为内部揭发和外部揭发,并分别测量这两种揭发。其中内部揭发的测量题项包含"我要向我的顶头上司汇报""我会向组织的高层管理人员汇报""我会使用组织

内部的官方报道渠道""我会用内部程序报告";外部揭发的测量题项包含"我会使用组织外的汇报渠道""我会向组织外部的权威机构进行汇报""我会向公众揭露"(如 Latan,et al.,2018)。

考虑到经销商揭发的特征,本书选择问卷调查的方式,采用多题项测量经销商揭发意愿。首先,调查问卷法是营销渠道领域定量研究中使用较普遍的方法,它通过发放问卷,询问被调查者问题,用量表测量研究变量,最后对自变量与因变量之间的关系进行计算和分析。因此,调查问卷法具有快速、有效、廉价等特点。且相较于实验法,调查问卷法的结果更具一般性。其次,本书决定测量揭发意愿而不是揭发行为,因为这样可以避免直接测量揭发行为的不稳定性(因受到渠道中错误行为发生的频率等因素的影响)。最后,我们选择多题项测量方式,因为经销商可以通过多种途径报告错误行为,例如报告给制造商对接业务经理,渠道总经理或首席执行官等,所设题项尽可能包含所有情况。

2. 测量题项的确定与问卷设计

决定使用调查问卷法收集数据后,需要确定研究中变量的具体测量题项。值得注意的是,揭发引起了组织行为文献的大量关注,但在组织间情境中却尚未有实证研究。同样,尽管责任感作为大五人格的一个重要人格特征,在社会学、心理学以及管理学领域已经发展了非常成熟的测量方法,却鲜有学者关注到经销商的责任感。因此,我们的问卷设计主要包括对经销商揭发和经销商责任感的测量量表的开发以及对成熟量表的确认和完善。

我们遵循量表开发的程序设计经销商揭发和经销商责任感的测量题项(Sprott,Czellar & Spangenberg,2009)。首先,我们试图通过对经销商和制造商的高层管理人员进行定性访谈,来全面了解两个概念的本质。其次,我们在广泛回顾揭发行为研究、责任感研究和营销渠道研究的基础上,结合访谈内容制定了初始测量题项。再次,我们将初始测量题项发送给 5 位营销领域的资深学者,根据各位学者的反馈意见对测量题项进行调整。最后,我们随机抽取 30 名经销商经理进行预调研,根据预调研的数据结果剔除了信效度较低的题项,得到最终的正式测量题项。

我们根据 Gerbing 和 Anderson(1988)推荐的程序完善现有的成熟测量量表并设计正式调查问卷。首先,由于现有的成熟测量量表很多来自英文文献,我们邀请了两位独立学者将英文版问卷翻译成中文,再翻译回英文,以保证概念上的对等。其次,为确保测量题项表达清楚且内容完整,我们对一些经销商经理进行了访谈,并根据他们的反馈对一些测量题项的表达方式进行了调整,从而确保其内容效度和表面效度。最后,我们用修订后的题项结合经销商揭发与经销商责任感的测量共同进行预调研(共 30 个样本),并根据预调研的数据结果剔除了信效度较低的题项,得到最终的问卷。

我们形成了 7 页半的调查问卷,大概需要经销商花费 25～35 分钟填写。我们在问卷开头表明了本次调查研究的学术目的,答案无对错之分,同时希望受访者能够选择最符合真实情境的答案。另外,我们在设计题项顺序时故意避开了自变量—中间变量—因变量这样的逻辑顺序,以此避免可能导致的偏差。

5.2.3 变量测量

根据亲社会行为理论构建了经销商揭发的亲社会行为模型,分别关注了经销商的人格特征和认知要素与情感要素对经销商揭发行为的影响。因此,本部分的主要研究变量,包括经销商责任感、经销商专用资产投入、经销商对制造商的相对依赖、经销商与制造商的相互依赖、经销商揭发、经销商对制造商的信任、制造商对经销商的投机(具体的测量题项见表5-3)。

表 5-3　　　　　　　　　测量题项与信效度分析

题项	因子载荷
经销商责任感：CR＝0.72，AVE＝0.57，α＝0.72	
R1 我公司总是将各项工作规划得井井有条（效度低被剔除）	
R2 我公司会自己组织员工培训，有利于员工工作和企业发展	0.75*
R3 我们老板总是主动关心企业发展的大小事情并积极采取对策	0.76*
经销商专用资产投入：CR＝0.76，AVE＝0.51，α＝0.75	
DSI1 如果和该制造的合作关系结束了，我们会损失很多针对该制造商积累的知识和经验	0.79*
DSI2 如果和该制造商的合作关系结束了，我们会损失很多专门针对该合作关系的投入	0.74*
DSI3 我们公司投入了很多资源来建立和发展与该制造商的合作关系	0.61*
经销商依赖：CR＝0.80，AVE＝0.57，α＝0.79	
RD1 在本地区，我公司很难找到其他公司提供与该制造商相同的产品线	0.73*
RD2 在本地区，如果找其他公司代替该制造商，会给我公司带来损失	0.79*
RD3 在本地区，我们很难找到别的公司，像该制造商一样带给我们这么多销售额和利润	0.73*
制造商依赖：CR＝0.80，AVE＝0.57，α＝0.79	
SD1 在本地区，该制造商很难找到其他公司提供与我们相同的销售服务	0.82*
SD2 在本地区，如果该制造商找其他公司代替我们，会给他带来很大的损失	0.77*
SD3 在本地区，该制造商很难找到别的公司，像我们一样带给他这么多销售额和利润	0.66*
经销商揭发：CR＝0.88，AVE＝0.70，α＝0.88	
WB1 直接向制造商的销售经理等边界人员投诉此事	0.88*
WB2 直接向制造商的高层管理人员投诉此事	0.82*
WB3 根据经销商的官方报告渠道（如专门的客服部门等）进行投诉	0.84*
经销商对制造商的信任：CR＝0.84，AVE＝0.73，α＝0.71	
TR1 该制造商值得信任	0.85*
TR2 该制造商不会以牺牲我公司利益的方式去谋利	0.82*
TR3 当合同条款不甚明确时，我们也会毫不犹豫地跟该制造商进行交易	0.89*

（续表）

题项	因子载荷
制造商对经销商的投机：CR＝0.96，AVE＝0.73，α＝0.88	
SOP1 该制造商为了达到他们的目的经常言过其实	0.88*
SOP2 该制造商不太诚实	0.86*
SOP3 该制造商为了得到他们想要的利益，经常扭曲事实	0.89*
SOP4 很难与该制造商进行真诚的商谈	0.92*
SOP5 该制造商为了自己的利益经常违背正式或非正式协议	0.89*
SOP6 该制造商经常试图利用我们的合作关系来为自己谋取利益	0.85*
SOP7 该制造商常常让我们承担额外的责任	0.85*
SOP8 该制造商为了自己的利益，常常有意不告知我们应当注意的事项	0.68*
关系长度：贵公司与该制造商建立交易关系的年限是_____年	
模型拟合度：$\chi^2(160)＝2.377, p＜0.001; CFI＝0.923; IFI＝0.924; RMSEA＝0.081$	

* 代表 $p＜0.01$

1. 经销商责任感

经销商责任感体现了经销商能够对自己和利益相关者负责的态度，即能够进行规划、设立目标，使日常工作有条不紊进行。遵循新量表开发原则（Sprott，Czellar & Spangenberg，2009），我们在 Reynolds 和 Clark（2010）的责任感量表基础上，根据经销商的活动特征进行了修订包含了对经销商责任感的测量。

2. 经销商专用资产投入

专用资产投入反映了一个公司在与其渠道合作伙伴关系上的特定投资（Williamson，1985）。我们根据 Jap（1999）的三个题项进行调整来测量经销商在交换关系中投入的资源和资产。

3. 经销商对制造商的相对依赖和经销商与制造商的相互依赖

经销商依赖与制造商依赖测量来源于 Palmatier，Dant 和 Grewal

(2007)，测量了在当前市场区域内，对方企业对经销商或制造商业务的不可替代性。根据 Griffith 等(2017)的研究，我们用经销商依赖与制造商依赖的差值表示经销商对制造商的相对依赖水平，用二者之和表示经销商与制造商的相互依赖水平。

4. 经销商揭发

在制造商和经销商之间，揭发的一个关键要素是经销商向制造商报告另一个经销商的不当行为。遵循新量表开发程序(Sprott, Czellar & Spangenberg, 2009)，我们根据现有的揭发文献和对渠道专业人士的深入采访，制定了对经销商揭发的测量题项。遵循之前的研究(Cheng, et al., 2019; Trevino & Victor, 1992)，我们使用一个三题项的量表来测量一个经销商如何使用各种策略向制造商报告其他经销商的错误行为。

5. 经销商对制造商的信任

信任是指企业愿意受到其渠道伙伴影响的程度(Mayer, et al., 1995)。我们根据研究情境调整了 Jap 和 Anderson(2003)以及 Kumar、Scheer 和 Steenkamp(1995)的三题项测量来测量信任的诚实和仁慈的两个维度，数值越高表示经销商对制造商的信任程度越高。

6. 制造商对经销商的投机

投机指的是企业以狡诈的方式谋求自身利益的行为(Williamson, 1975)。我们通过经销商感知到的其制造商的机会行为来反映制造商对经销商的投机。具体来说，我们采用了 Jap 和 Anderson(2003)的 7 个题项来考察制造商以何种方式采取了机会主义行为，例如违反正式和非正式协议、做出空洞的承诺、不愿承担责任等。

我们同时纳入了一些控制变量。第一，我们同时控制了经销商和制造商的企业所有权，对他们的测量采用虚拟变量，将私有制公司编码为 1，将非私有制公司编码为 0。相比于其他性质，私有制企业更加灵活，可能更愿意接受契约和规范以外约束的经销商行为（Zhou，Gao & Zhao，2017）。第二，我们控制一些异质性的来源，包括经销商经营的产品类别数量（"贵公司经营的产品包括几大类？"）、经销商的经营品牌数量（"在×类产品中，贵公司经营的品牌数量是多少？"）、制造商产品的品牌地位（1＝领导品牌；2＝一般品牌；3＝落后品牌）、品牌性质（0＝国产品牌；1＝外国品牌）和市场竞争强度（1＝竞争非常激烈；2＝竞争激烈；3＝适中；4＝竞争不激烈；5＝竞争非常不激烈）。第三，我们控制了经销商与制造商的交易关系长度。交易关系长度衡量经销商与制造商交换关系的持续时间。我们询问这些被调查者，他们与这些制造商做了多少年的生意。另外，我们使用年数的对数来反映这一变量，以避免由于样本中各公司之间的高差异造成数据偏态。第四，我们控制了经销商规模的影响，包括经销商员工数量（"贵公司大概有多少员工？"）和前一个年度的年销售额（"贵公司前一个年度大概的销售收入是_____万元？"）。

5.2.4 信效度分析与同源偏差检验

我们对模型变量测量的信效度与同源偏差进行检验，以提升检验结果的准确性。

通过以下步骤检验相关量表的信效度。首先，我们先对所有多题项量表进行探索性因子分析（Exploratory Factor Analysis，EFA），所有题项析出在与理论一致的因子下，表明其具有结构效度。其次，信度分析结果显示所有变量的系数可靠性 α 均高于可接受水平（最低为经销商对制造商的信任 0.71，最高为经销商揭发和制造商对经销商的投机 0.88）。再次，我们进行了验证性因子分析（Confirmatory Factor Analysis，CFA），得到模型拟合指标、因子载荷，并计算出平均提取方差值（Average Variance Extracted，AVE）和组合信度（Construct Reliability，CR）。所有的模型拟合指标均在可接受范围内 $[\chi^2(160) = 2.377, p < 0.001;$ CFI $= 0.923;$

IFI＝0.924;RMSEA＝0.081],这些结果表明测量模型的结果具有较好的拟合度。所有因子载荷均超过 0.50 并且在 $p＝0.01$ 水平上显著,体现了数据的建构效度。组合信度均超过 0.70,平均抽取方差均高于 0.50。这些结果表明我们的测量具有良好的聚合效度。

最后,我们采用两种方法评估区分效度。首先,对任意两个变量进行方差分析,检验非限制模型(不限制相关系数)是否显著优于限制模型(限制相关系数为 1)。结果显示所有卡方差值均显著(如经销商专用资产投入与经销商揭发,$\Delta\chi^2(1)＝58.427,p<0.001$),证明测量具有较好的区分效度。其次,我们计算了所有变量之间的共享方差,结果显示任意两个变量的共享方差都低于两个变量自身的平均抽取方差。综合这些数据结果表明,本部分研究的测量具有良好的信度与效度。

由于数据是来自经销商的单边数据,可能存在同源偏差问题,我们采用三种方法进行检测研究。第一,Lindell 和 Whitney(2001)的效标变量法。该方法的技术复杂程度在理论上与经销商揭发行为、经销商责任感等主要变量无关,可以作为效标变量。控制效标变量后,变量之间的相关系数基本没有发生显著变化(表 5-4),表明数据的共同方法变异偏差较小。第二,Harmon 单因子检测法。我们将所有多题项变量放入因子分析中,其解释的共同变异为 63.91%,其中第一个因子解释的变异量为 16.27%,表明并没有一个因子能够解释变量的所有变异,这意味共同方法变异并不显著。第三,对单因子模型与确定性因子分析模型进行比较。结果显示确定性因子分析模型比单因子模型[$\chi^2(189)＝1002.772,p<0.01$;CFI＝0.536;IFI＝0.542;RMSEA＝0.143]的拟合效果更好,也支持了共同方法变异不显著的结论。

表 5-4

研究二相关变量的描述性统计结果

相关变量	1	2	3	4	5	6	7	8	9	10	11	12	13	14	15	16
1. 责任感		0.08	0.34**	0.33**	0.37**	-0.30**	0.59**	0.05	-0.06	-0.04	-0.05	0.01	-0.18**	-0.17*	-0.03	0.29**
2. 相对依赖	0.09		-0.12†	-0.06	0.07	0.10	0.06	0.07	-0.03	0.02	0.02	0.13†	-0.11	-0.01	-0.12†	0.09
3. 相互依赖	0.35**	-0.10		0.32**	0.60**	-0.22**	0.31**	0.16*	-0.01	-0.04	-0.04	-0.20**	-0.25**	-0.05	-0.08	0.11
4. 专用资产	0.34**	-0.04	0.34**		0.28**	-0.28**	0.34**	-0.02	-0.06	0.02	0.00	0.02	-0.05	-0.03	0.03	0.27**
5. 信任	0.37**	0.07	0.61**	0.28**		-0.14*	0.26**	0.27**	0.16	0.19**	0.19**	-0.04	-0.30**	-0.03	-0.06	0.07
6. 契机	-0.36**	-0.11	-0.18**	-0.25**	-0.16**		-0.30**	0.13	0.20**	-0.03	-0.03	0.28**	0.22**	0.03	-0.15**	-0.27**
7. 朋友	0.57**	0.06	0.31**	0.34**	0.26**	-0.26**		0.00	-0.28**	0.22**	0.22**	0.05	-0.13	0.01	-0.05	0.05
8. 关系长度	0.02	0.06	0.08	0.17*	0.28**	0.13	0.015		0.14*	-0.01	-0.01	0.04	-0.19**	0.06	0.12	0.18**
9. 行业竞争	0.03	-0.05	-0.02	-0.11	0.10	0.22**	-0.26**	0.14*		-0.13	-0.01	-0.24**	0.08	0.04	0.14	0.07
10. 经销商所有制	-0.10	-0.05	0.02	-0.04	0.17*	-0.05	0.19**	-0.02	-0.02		0.17*	0.05	-0.01	-0.05	-0.10	-0.23**
11. 制造商所有制	-0.05	0.02	-0.04	0.00	0.19**	0.30**	0.05	0.04	-0.13	0.16*		-0.03	0.29**	0.15*	-0.14*	-0.14*
12. 产品类别	0.01	0.13†	-0.20**	0.02	-0.29**	0.25**	-0.11	-0.20**	-0.24**	-0.03	0.28**		0.02	0.01	0.28**	0.15*
13. 品牌地位	0.00	-0.19**	-0.10	-0.24	-0.31**	0.03	0.00	0.06	0.05	-0.04	0.15*	0.01		-0.01	-0.12	-0.28**
14. 品牌数量	-0.17*	-0.03	-0.05	-0.04	-0.04	0.03	-0.04	0.06	0.04	-0.04	0.15*	0.01	-0.01		0.08	0.08
15. 员工人数	-0.03	-0.12†	-0.08	0.03	-0.06	-0.15**	-0.05	0.12	0.14	-0.10	-0.14*	0.28**	-0.12	0.08		0.63**
16. 年销售额	0.03	0.28**	0.09	0.13†	0.08	-0.26**	0.05	0.18**	0.07	-0.23**	-0.14*	0.13†	-0.28**	0.07	0.63**	
平均值 (Mean)	4.22	0.03	7.63	4.04	4.34	2.01	3.92	0.77	4.13	0.95	0.64	4.74	1.79	0.85	82.50	193.07
方差 (SD)	0.71	0.81	1.50	0.71	0.62	1.10	0.92	0.27	0.74	0.22	0.49	6.26	0.98	0.36	1437	269.74

注: † 代表 $p < 0.10$; * 代表 $p < 0.05$; ** 代表 $p < 0.01$.

5.3　假设检验

根据定性访谈结果，我们确定了在制造商-经销商群体背景下，经销商揭发行为同样具有亲社会行为的性质。在确定了经销商揭发的亲社会性质基础上，本研究根据 Eisenberg(1986)的亲社会理论构建了经销商揭发的亲社会模型。我们关注经销商的人格特征（经销商责任感）、认知要素（经销商的专用资产投入、经销商对制造商的相对依赖、经销商与制造商的相互依赖）和情感要素（经销商对制造商的信任和制造商对经销商的投机）对其揭发行为的驱动作用。根据传统营销渠道研究的做法，我们建立了三个回归方程检验自变量对经销商揭发行为的影响。其中，方程(5.1)检验所有控制变量对经销商揭发行为的影响。方程(5.2)在方程(5.1)的基础上加入所有自变量，以检验自变量的直接影响和独立于控制变量的对因变量的新增解释能力。

$$WB = \alpha_0 + \beta_1 RL + \beta_2 SIZE + \beta_3 SALE + \beta_4 POS + \beta_5 BraNUM +$$
$$\beta_6 ProNUM + \beta_7 DisOWNER + \beta_8 ManOWNER + \beta_9 COM + \varepsilon_1$$

$$(5.1)$$

$$WB = \alpha_0 + \beta_1 RL + \beta_2 SIZE + \beta_3 SALE + \beta_4 POS + \beta_5 BraNUM +$$
$$\beta_6 ProNUM + \beta_7 DisOWNER + \beta_8 ManOWNER + \beta_9 COM +$$
$$\beta_{10} CS + \beta_{11} DisTSI + \beta_{12} RelDP + \beta_{13} MutDP + \beta_7 DisTR +$$
$$\beta_8 ManOP + \varepsilon_2$$

$$(5.2)$$

其中，WB 表示经销商揭发；CS 表示经销商责任感；DisTSI 表示经销商专用资产投入少；RelDP 表示经销商对制造商的相对依赖；MutDP 表示经销商与制造商的相互依赖；RL 表示经销商与制造商的交易关系长度；SIZE 表示经销商员工数量；SALE 表示经销商年销售额；POS 表示经销商的品牌地位；BraNUM 表示经销商经营的品牌数量；ProNUM 表示经销商经营的最主要产品线的产品数量；DisOWNER 表示经销商的企业所有质;ManOWNER 表示制造商的企业所有权性质;COM 表示市场竞争程度;DisTR 表示经销商对制造商的信任;ManOP 表示制造商对经销商的投机;ε 表示随机误差项。

　　本书选择有调节的回归模型进行假设检验,为防止多重线性回归问题,我们对自变量进行中心化处理,并将中心化处理后的自变量相乘作为交叉项。结果显示,各个模型的方差膨胀因子(Variance Inflation Factor,VIF)均接近于 1 且小于 2,远小于临界值 10,证明多重共线问题较轻。经销商揭发行为的亲社会行为模型研究的具体回归结果见表 5-5。

表 5-5	回归结果	
	经销商揭发	
相关变量	M1	M2
控制变量		
员工数量	-0.079	-0.054
年销售额	0.147	0.047
产品类别	-0.006	0.072
品牌数量	0.008	0.008
品牌地位	-0.059	0.016
经销商所有制	0.179^*	0.096
制造商所有制	0.042	0.098
关系长度	0.046	0.000
行业竞争	-0.236^{**}	-0.203^{**}
直接效应		
责任感	H_1	0.462^{**}
专用资产投入	H_2	0.139^*
相互依赖	H_3	$0.117^{\dagger}$
相对依赖	H_4	0.036
经销商信任	H_5	0.262^{**}
制造商投机	H_6	-0.206^{**}
R^2	0.166	0.458
ΔR^2		0.340^{**}

（续表）

相关变量	经销商揭发	
	M1	M2
最高 VIF	1.94	2.05
F	2.908**	11.544**

注：† 表示 $p<0.10$；* 表示 $p<0.05$；** 表示 $p<0.01$。

可以看到,基本模型 M1 中的解释程度为 11.8%,主效应模型 M2 的解释程度为 21.7%,模型解释程度的增量体现了主效应对经销商揭发行为的解释能力。在回归系数方面,M2 显示经销商责任感($\beta=0.462$, $t=7.352$)、经销商专用资产投入($\beta=0.139$, $t=2.228$)和经销商与制造商的相互依赖($\beta=0.117$, $t=1.843$)与经销商揭发存在显著的正相关关系,因此经销商责任感、经销商专用资产投入和经销商与制造商的相互依赖对经销商揭发具有正向影响,从而 H_1, H_2 和 H_3 得到支持。经销商相对依赖($\beta=0.036$, $t=0.638$)与经销商揭发之间的关系不显著,因而 H_4 没有得到支持。经销商信任与经销商揭发存在显著的正向相关关系($\beta=0.262$, $t=3.471$),即经销商信任对经销商揭发具有正向影响,支持 H_5。制造商投机与经销商揭发存在显著的负向相关关系($\beta=-0.206$, $t=-2.769$),即制造商投机对经销商揭发具有负向影响,H_6 得到支持。

5.4　补充检验

5.4.1　经销商认知要素之间与情感要素之间的交互作用

在认知要素方面,经销商的专用资产投入与经销商和制造商的依赖结构分别通过影响经销商对揭发的成本-收益分析以及揭发效力分析两个过程影响其揭发行为。根据以往渠道依赖结构文献（Scheer，Miao ＆ Palmatier，2015），经销商-制造商的依赖结构代表了双方对彼此的重要程度以及他们在关系中的相对地位，会影响经销商或制造商对当前交换关系的认识，进而影响他们在决策制定中的成本-分析过程，即依赖结构和专用资产投入对揭发行为具有调节作用。因此本研究补充检验了专用资产投入与依赖结构（相互依赖与相对依赖）的交互作用。此外，以往研究指出渠道成员间的相互依赖与相对依赖分别刻画了交换关系的不同维度的特征，即合作的紧密程度与相对地位，而在不同紧密程度的合作关系中，渠道成员的相对地位会带来不同的影响（Scheer，Miao ＆ Palmatier，2015）。因此，我们同样补充检验了相互依赖与相对依赖对揭发的交互效应。

在情感要素方面，本书根据 Lado，Dant 和 Tekleab（2008）的做法，试图通过同时检验具有不同水平的信任与投机的交换关系来获取对经销商-制造商关系更全面的理解，认为经销商对制造商的信任与制造商对经销商的投机分别通过对二者之间关系产生积极和消极效应来影响经销商的揭发行为。然而，以往研究指出当经销商对制造商存在较高水平的信任时，制造商的破坏性行为（例如投机行为）会产生更严重的负面效应（Samaha，Palmatier ＆ Dant，2011），因此更会抑制经销商的揭发行为。基于此，我们针对经销商的情感要素（经销商信任与制造商投机）对揭发的交互作用进行了补充检验。

为了检验经销商认知要素之间与情感要素之间的交互作用，我们共检验了四条调节路径，其中两条路径显著，两条不显著。经销商专用资产投入与经销商和制造商相互依赖的交互项显著为负（$\beta=-0.125$，$t=-1.726$），这表明经销商的专用资产投入与经销商和制造商的相互依赖会削弱彼此对经销商揭发行为的促进作用。经销商信任与制造商投机的交互项显著为正（$\beta=0.159$，$t=2.443$），这表明：一方面，制造商投机会加强经销商信任对经销商揭发的正向影响；另一方面，经销商信任会削弱制造商投机的负面效应。然而，经销商专用资产投入与经销商对制造商的相对依赖（$\beta=-0.057, t=-0.946$）、经销商对制造商的相对依赖与经销商与制造商的相互依赖（$\beta=-0.066, t=0.997$）之间的交互项系数并不显著，这说明他们之间对经销商揭发行为不存在交互作用。

为了进一步明确两组显著的交互效应，我们根据以往的研究利用简单斜率分析法（Simple Slope Analysis）绘制出调节效应图。其中，图 5-2 描绘的是经销商专用资产投入与经销商-制造商的相互依赖的交互效应。具体而言，我们将样本根据经销商与制造商的相互依赖划分为高（大于均值加 1 个标准差）和低（小于均值减 1 个标准差）两组，并分别绘制出相应的经销商专用资产投入对经销商揭发的斜率图。从图中可以看出，当经销商和制造商的相互依赖程度较低时，经销商专用资产投入对经销商揭发具有显著的正向影响，而当他们的相互依赖程度变高时，这一影响会被削弱。同样的，图 5-3 描绘的是经销商信任与制造商投机的交互效应。

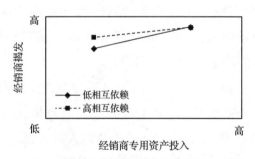

图 5-2　经销商专用资产投入与相互依赖的交互效应

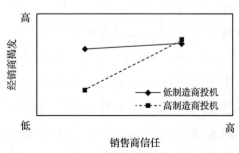

图 5-3　经销商信任与制造商投机的交互效应

5.4.2 经销商的人格特征、情感要素与认知要素的交互作用

内部-外部动机理论(Andon, et al. , 2018)指出个体采取亲社会行动的内部动机与外部动机之间会相互影响,当内部动机十分强烈时,外部动机的作用将不再显著。遵循这一逻辑,我们考察经销商的内部动机与外部动机对揭发的交互影响。具体而言,经销商责任感主要激发了经销商揭发的道德驱动的内部动机,经销商信任与制造商投机主要激发了经销商揭发的情感驱动的内部动机,而经销商专用资产投入与经销商-制造商的依赖结构主要激发了经销商利益驱动的外部动机,因此我们分别考察经销商揭发的道德驱动动机、情感驱动动机与利益驱动动机的相互影响,即经销商人格特征(责任感)、情感要素(经销商信任与制造商投机)与认知要素(经销商专用资产投入、经销商与制造商的相互依赖、经销商对制造商的相对依赖)对揭发的交互作用。

我们通过检验人格特征与认知要素的交互作用考察内部动机(道德驱动)与外部动机的相互影响。以往研究指出金钱等外部激励因素只有在一定道德感知范围内才会起作用(Fehr & Falk, 2002)。例如,在员工揭发行为研究中,学者发现当员工认为错误行为严重违反道德时,组织对揭发的财务激励(外部动机)对员工揭发的促进效果就会消失(Andon, et al. , 2018)。基于此,我们补充检验了经销商人格特征(责任感)与认知要素(经销商专用资产投入、经销商与制造商的相互依赖、经销商对制造商的相对依赖)对揭发的交互作用。

我们通过检验情感要素与认知要素的交互作用考察内部动机(情感驱动)与外部动机的相互影响。以往研究指出组织间关系特征在不同的交易背景下可能产生不同的影响(Villena, Choi & Revilla, 2019;Wang, et al. , 2016)。根据以往渠道研究,专用资产投入(Wathne, et al. , 2018)与组织间依赖结构(Schepker, et al. , 2014)是重要的组织间交易背景特征。其中,当经销商专用资产投入较高时,他会认为自己与制造商的合作是依

自身单边努力去维系的,阻碍了信任对经销商长期关系导向的促进效果,最终导致经销商揭发行为减少。同时,当经销商的相对专用资产投入水平较高时,经销商可能会认为制造商的投机行为是一种故意的(相对于无意的)、利用经销商专用资产投入的自利行为,使经销商对制造商产生较多的怨恨(Seggie,Griffith & Jap,2013),从而减少经销商揭发行为。同样的,经销商与制造商的依赖结构也可能通过影响经销商与制造商的合作紧密程度及权力结构对经销商信任与制造商投机的作用产生影响。基于此,我们补充检验了经销商情感要素(经销商责任感与制造商投机)与认知要素(经销商专用资产投入、经销商与制造商的相互依赖、经销商对制造商的相对依赖)对揭发的交互作用。

为了检验经销商人格特征、情感要素与认知要素对揭发的交互作用,我们共检验了九条调节路径,其中四条路径显著,五条不显著。经销商责任感、经销商与制造商的相互依赖的交互项显著为正($\beta=0.145$, $t=1.880$),经销商责任感与经销商对制造商的相对依赖的交互项显著为正($\beta=0.187$, $t=3.036$),这说明当经销商与制造商的相互依赖程度较高,或经销商对制造商的相对依赖程度较高时,经销商责任感对其揭发行为的促进作用更强。经销商的专用资产投入与经销商信任的交互项系数显著为负($\beta=-0.198$, $t=-2.958$),这意味着经销商相对资产投入越高,经销商信任对其揭发行为的促进作用越弱。经销商信任、经销商与制造商的相互依赖的交互项显著为正($\beta=0.137$, $t=1.895$),这说明相互依赖程度会加强经销商信任对揭发的促进效果。另外,经销商责任感与经销商专用资产投入($\beta=0.005$, $t=0.062$),制造商投机与经销商专用资产投入($\beta=0.007$, $t=0.112$),制造商投机和经销商与制造商的相互依赖($\beta=-0.026$, $t=0.381$),经销商信任与经销商对制造商的相对依赖($\beta=0.042$, $t=0.548$),制造商投机与经销商对制造商的相对依赖($\beta=-0.018$, $t=-0.266$)的交互项系数并不显著,表明它们之间对揭发行为并没有交互作用。

为了进一步明确四组显著的调节效应，我们根据以往研究利用简单斜率分析法绘制出调节效应图。其中，图 5-4 描绘的是经销商和制造商的相互依赖对经销商责任感的调节作用，从图中可以看出，经销商与制造商的相互依赖较高时，经销商责任感与揭发行为的斜率图越陡峭。同样，图 5-5 描述了经销商相对依赖和经销商责任感之间的交互效应。可以看出，当经销商对制造商的相对依赖程度较高时，经销商责任感才会对揭发行为产生促进作用。图 5-6 描述了经销商专用资产投入和经销商信任之间的交互效应。可以看出，当经销商专用资产投入水平较低时，经销商信任对其揭发的促进作用较强。图 5-7 描述了经销商与制造商的相互依赖和经销商信任之间的交互效应，可以看出，当经销商与制造商的相互依赖程度越高，经销商信任对其揭发的促进作用更强。

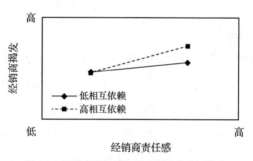

图 5-4　经销商责任感与相互依赖的交互效应

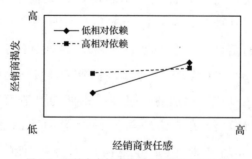

图 5-5　经销商责任感与相对依赖的交互效应

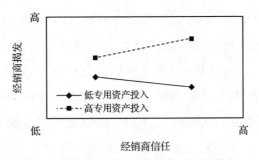

图 5-6 经销商信任与专用资产投入的交互效应

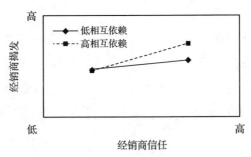

图 5-7 经销商信任与相互依赖的交互效应

5.5 对分析结果的讨论

本研究根据亲社会行为理论构建了经销商揭发行为的研究模型,探讨了经销商的人格特征、认知要素与情感要素对经销商揭发的影响,详尽的研究结果如下:

第一,研究发现,作为经销商的主要人格特征,经销商的责任感可以促进经销商的揭发行为(H_1 得到支持),证实了经销商的人格特征是其揭发行为的重要决定因素。这一研究结果验证了亲社会行为理论的主张,即社会主体的责任感是其亲社会行为的主要影响因素(Eisenberg,1986)。同时,这一研究发现也与组织行为领域的员工揭发行为的研究发现相一致,即在组织内部,选择揭发的通常是责任感较高的员工(Mesmer-Magnus & Viswesvaran,2005）。因此,不论在个体层次,还是在组织层次,责任感都是社会主体亲社会行为的重要影响因素。

第二,回归分析结果显示,作为经销商分析成本-收益的基本工具,经销商的专用资产投入对经销商揭发行为具有正向影响（H_2 得到支持）,这表明通过影响经销商的认知过程,成本-收益分析成为影响经销商揭发决策的重要因素。这一研究结果验证了亲社会行为理论的主张,即亲社会行为不仅受到内在动机的驱动,也受到外在动机（例如金钱、声誉等）的驱动（Andon,et al.,2018）。

第三,研究发现,作为预测揭发效力的工具之一,经销商与制造商的相互依赖对经销商揭发行为具有正向影响（H_3 得到支持）,证明通过影响经销商的认知过程,揭发效力分析也成为影响经销商揭发决策的重要因素。同时,这一研究结果也验证了亲社会行为理论关于外在动机的主张,即亲社会行为并不是纯粹利他的,社会主体会受到的外在动机的驱动（Andon,et al.,2018）。

第四,本研究中,H_4 没有得到支持。作为预测揭发效力的另一个工具,经销商对制造商的相对依赖水平与其揭发行为没有显著的负相关关系。我们认为这可能是由于经销商与制造商的依赖造成了两种作用方向相反,从而将其对经销商揭发的影响抵消了。一方面,依据资源依赖理论,经销商对制造商的相对依赖程度越高,它为获取对方的资源以达到自身目的而维持与制造商合作关系的需求就越高（Scheer,Miao & Palmatier,2013）。在这种情况下,经销商更需要主动帮助制造商维护渠道秩序,这不仅可以保护制造商的利益,进而保护合作关系,还能够向制造商表明长期合作的意愿,促进制造商与自己合作的意愿。因此,经销商对制造商的相对依赖水平越高,越需要为维持与制造商的合作而促进揭发意愿。另一方面,根据亲社会理论视角,经销商对制造商的依赖又会因预期的揭发效力较低而降低揭发的意愿。根据 Rokkan 等（2003）,这两种相反的作用最终可能导致经销商对制造商的相对依赖水平与其揭发行为形成不显著关系。这一发现也表明,经销商对制造商的相对依赖对其揭发行为的影响可能存在一些边界条件,在不同的边界条件下,其作用的方向与强度可能存在差异。当然,这超出了本书的研究范畴,有待未来研究进行探讨。

第五,研究发现经销商感知到的情感要素(即经销商信任)对经销商揭发行为具有正向影响(H_5 得到支持),表明经销商对制造商的信任可以促进经销商的揭发行为。这一研究结果进一步验证了信任在渠道关系中的重要作用(Poppo,Zhou & Li,2016)。具体而言,信任是组织间建立长期交换关系的基础,可以通过提高灵活性、降低交易风险等途径节约交易成本(Villena,Choi & Revilla,2019)。同时,建立信任关系也是组织间抑制投机行为的重要关系治理机制(Krishnan,Geyskens & Steenkamp,2016)。因此,信任是提升渠道经济绩效和组织间关系质量的重要因素(Villena,Choi & Revilla,2019)。本书通过检验经销商信任对其揭发行为的促进作用,验证了信任在渠道关系中的另一个重要作用,即可以激发渠道成员主动维护渠道秩序的揭发行为。

第六,回归结果显示经销商感知的另一情感要素即制造商投机对经销商揭发行为具有负向影响(H_6 得到支持),表明制造商对经销商的投机会抑制经销商的揭发行为。这一研究结果进一步验证了投机行为在渠道关系中的破坏性影响(Wathne & Heide,2000)。具体而言,投机是渠道成员为一己私利而采取的故意欺骗等行为,因此会降低渠道经济绩效(Wathne & Heide,2000),导致渠道伙伴的不满意(Wang & Yang,2013),甚至双方合作的终止(Seggie,Griffith & Jap,2013)等。基于这些负面效应,学者们探讨了各种渠道治理方式对投机行为的抑制效果(Liu,Luo & Liu,2009)。因此,本书通过检验制造商投机对经销商揭发行为的抑制作用,证实了渠道背景下投机行为的负面影响。

第七,除了上述因素对经销商揭发的直接影响,我们还补充了对它们之间相互调节作用的检验。一方面,我们检验了认知要素之间与情感要素之间对揭发的交互作用。认知要素方面：在不同的渠道依赖结构下，经销商专用资产投入对其揭发行为的影响存在差别。研究结果显示经销商的专用资产投入与经销商和制造商的相互依赖具有负向的交互效应，即经销商与制造商的相互依赖程度较高时，经销商已经将制造商与自己的利益联系在一起，因而专用资产投入的利益联结的效果被削弱，降低了它对揭发的促进作用。情感要素方面：经销商信任与制造商投机对揭发行为具有正向的交互效应，即经销商信任程度较高时，制造商投机对揭发的抑制作用可以被削弱，这一结果进一步丰富了信任（Poppo，Zhou & Li，2016）与投机（Wathne & Heide，2000）的相关研究。

　　另外，我们检验了人格特征、情感要素与认知要素之间对揭发的交互作用。在人格特征与认知要素的交互影响方面，我们发现经销商责任感与经销商和制造商的相互依赖对经销商揭发具有正向的交互影响，即经销商与制造商的相互依赖程度越高，他们越容易形成命运共同体（Lusch & Brown，1996），经销商越倾向将维护制造商的利益纳为自己的责任，经销商责任感对揭发行为的促进效果就越强。尽管经销商对制造商的相对依赖程度对经销商揭发没有显著影响，但它与经销商责任感对揭发行为存在正向的交互作用，即经销商对制造商的相对依赖程度越高，经销商为了生存越需要持续获取制造商的某些资源（Scheer，Miao & Palmatier，2013），因而维护制造商的利益进而保护制造商的资源越会被经销商纳入自身的责任中，此时经销商责任感对揭发的驱动作用较强。在情感要素与认知要素的交互影响方面，研究结果表明经销商专用资产投入越高，经销商信任对经销商揭发行为的促进作用越弱。相反，经销商与制造商的相互依赖程度越高，经销商信任对经销商揭发行为的促进作用越强。这些研究结果证实了作为重要的经济结构要素，渠道成员的专用资产投入在渠道合作中的重要作用（Williamson，1991），尤其是对信任的作用机制的影响。同时，以上结果也在渠道背景下证实了亲社会行动的内部与外部动机之间存在相互影响（Andon，et al.，2018）。

第 *6* 章　研究三:经销商揭发的影响结果

6.1　经销商揭发对经销商-制造商关系质量的影响和边界条件

6.1.1　心理框架效应理论

根据亲社会行为理论,经销商揭发这一自发利他行为能为当前交换关系带来积极的效应。具体来说,经销商揭发可以抑制其他经销商的错误行为,维护渠道秩序,帮助制造商提升渠道效率。作为揭发行为的接收者和受益者,制造商可能予以积极的反馈,进而提升经销商-制造商关系质量。然而,以往的研究指出企业之间的帮助不一定会引起积极结果(Hoppner & Griffith,2011)。本书根据心理框架效应,寻找经销商揭发行为对关系质量影响的边界条件。

传统的传播理论认为信息受众仅仅是信息的被动接收者,而建构主义学者认为他们不仅被动接收信息,也会主动选择和诠释信息,最终形成自己的理解并做出反应(Tversky & Kahneman,1981)。心理框架效应认为即使接收到同样的信息,不同社会主体也可能做出不同的决策判断。这是因为社会主体基于自己的认知体系形成各自的框架,并依赖独特的线索对周围的环境进行意义构建,从而做出决策(Lumineau & Malhotra,2011)。因而心理框架在社会主体理解其他社会主体行为的过程中起到至关重要的作用。根据心理框架效应的逻辑,当经销商采取一定的揭发行为后,作为行为的接收者,制造商会依据自己的心理框架解读这一行为并做出反应,进而影响二者的关系(图 6-1)。因此,本书将根据心理框架效应探索在不同心理框架线索情境下,经销商揭发对经销商与制造商的关系质量的影响。

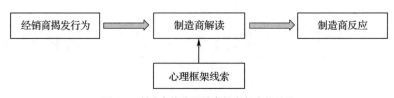

图 6-1　制造商接收经销商揭发行为的过程

以往渠道研究指出交易背景——专用资产投入与市场不确定性是渠道成员判断当前合作伙伴与交易关系的重要依据(Geyskens,Steenkamp & Kumar,2006),因此我们认为经销商专用资产投入与市场不确定性为制造商提供了心理框架线索。

专用资产投入指的是渠道成员所投入的专门用于他与渠道伙伴合作的,无法用于其他合作关系的资源(Williamson,1985),例如经销商专门针对某制造商产品的市场宣传和员工培训等。由于这些资源无法用于其他合作关系,即如果当前的合作终止,这些资产将全部成为沉没成本(Rokkan,Heide & Wathne,2003),因此渠道成员的专用资产投入能够体现其对合作伙伴的重视程度,从而成为帮助合作伙伴形成认知框架的重要线索。

市场不确定性指的是渠道外部市场环境的变化导致无法进行预测的程度,例如产品市场的价格波动、技术的更替和消费者需求的难预测性等(Rindfleisch & Heide,1997)。市场不确定性加剧了制造商获取信息和快速反应的难度,因而增强了制造商对可获得信息以及快速反应能力的需求程度(Williamson,1985)。因此,市场不确定性能够改变企业对外界资源的需求和看重程度,从而成为帮助渠道伙伴形成认知框架的另一个重要线索。

在此基础上,本节将主要探索经销商揭发在心理框架效应下对关系质量的影响结果。具体而言,在"制造商-经销商群体"这一背景下,提出并检验以下两个问题:第一,经销商揭发如何影响经销商与制造商关系质量? 第二,作为重要的心理框架线索,经销商专用资产投入和市场不确定性如何调节经销商揭发对经销商与制造商关系质量的影响? 本节的研究框架如图 6-2 所示。

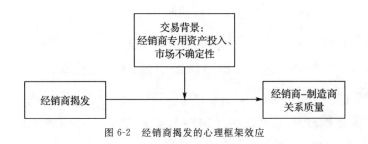

图 6-2　经销商揭发的心理框架效应

6.1.2　经销商揭发对经销商-制造商关系质量的影响

经销商揭发为制造商提供了无法从其信息搜集系统中获得的信息,从而降低了制造商的搜索成本。如果制造商核实并停止错误行为,就可以防止进一步损害并保护其声誉。尽管揭发经销商可能会受到被指控经销商的一些报复（Mesmer-Magnus & Viswesvaran,2005），但经销商的揭发可以通过三种机制提高经销商与制造商的关系质量。

首先，经销商揭发会促进制造商对经销商的感激，从而提高揭发经销商和制造商的关系质量。经销商做出揭发行为表示即使冒着可能受到报复的风险，揭发经销商也要保护制造商的利益。因此，接收到经销商的揭发意味着制造商欠揭发经销商一份需要互惠的人情，这为制造商未来的合作行为提供了基础（Palmatier,et al.,2009）。基于此，一种由意识形态主导的制造商-经销商关系开始形成（Hernandez,2012），在这种关系中，合作双方往往被道德义务而不仅仅是法律规定束缚在一起，从而产生更短的心理距离和更高的关系质量（Palmatier,et al. 2009）。

第二，经销商揭发可能会通过表示自己对合作关系的长期承诺提高经销商与制造商的关系质量。也就是说，即使面临被报复的风险，经销商也会决定保护制造商的利益，这意味着相对于揭发带来的短期损失，揭发经销商更看重未来与制造商的合作所带来的利益。从这个角度来看，经销商揭发释放了他对当前合作关系的长期承诺的信号（Dwyer,Schurr & Oh,1987）。而作为对这一信号的回应，制造商可以提供互惠性的承诺（Anderson & Weitz,1992），进一步加强他们的关系质量（Palmatier,et al.,2006）。

第三，经销商揭发可以在经销商与制造商的关系中建立信任。经销商选择揭发表明其对法律、规范和规则有深刻的理解，并已严格遵守。因此，制造商知道可以信任揭发经销商，将他作为一个合格的合作伙伴。另外，通过提供有价值的渠道信息，经销商揭发有助于制造商控制渠道运营，并且如果错误行为被及时制止，可以防止潜在的损失。因此，经销商揭发表明揭发经销商愿意向制造商提供超出合同规定的帮助。根据 Blau (1986)的研究，这种自愿的努力往往会赢得合作伙伴的信任。综上，经销商做出揭发行为可以建立起制造商对他的信任，从而提高他与制造商的关系质量。

H₇：经销商揭发可以提高经销商与制造商的关系质量。

6.1.3　经销商专用资产投入与市场不确定性的调节作用

本研究认为交易背景属性可以为制造商提供重要的心理框架线索。这是因为交易背景（包括专用资产投入和市场不确定性）是企业间合作的主要交易特征（Williamson，1985），也是渠道成员在做出战略决策时考虑的主要因素（Geyskens，Steenkamp & Kumar，2006）。

1. 经销商专用资产投入的调节效应

经销商专用资产投入是一种持久投资，用于支持特定的制造商-经销商交易，因此如果交易关系过早终止，会产生沉没成本（Rokkan，Heide & Wathne，2003）。这种专用资产投入可以是有形的（如设备、工具），也可以是无形的（如人员培训、营销活动）。经销商的揭发保护了制造商-经销商关系不受其他经销商错误行为的影响，从而避免了揭发经销商的专用资产投入损失。通过这种途径，经销商的专用资产投入可能会影响制造商对经销商揭发行为的判断及相关的反应。我们预测经销商专用资产投入通过以下两个途径削弱经销商揭发对经销商与制造商关系质量的正向影响。

第一，如果经销商已经投入了大量的专用资产，那么在制造商看来，经销商的揭发行为可能就没有那么无私了。经销商专用资产投入通过增加经销商更换制造商的成本，造成了单边锁定问题（Grover & Malhotra，2003）。在这种情况下，经销商揭发可能会保护制造商，但经销商这样做主要是为了保护自己的利益。因此，考虑到经销商的专用资产投入，制造商可能将其揭发视为一种自保行为，而不是利他行为，不能引起制造商的感激和相关的互惠行为。

第二,经销商专用资产投入可能会通过改变制造商对揭发行为的解读来削弱揭发的长期关系导向的信号功能。揭发行为可以释放经销商对当前合作关系长期承诺的信号,因为揭发意味着经销商更重视与制造商的持久关系,而不是短期成本。但是,信号理论指出,信号的有效性部分取决于接收方(制造商)的翻译过程。当专用资产投入较高时,如果与制造商的关系终止,经销商将面临直接的损失(Anderson & Weitz,1992),所以考虑到经销商的专用资产投入,制造商更可能将经销商的揭发行为理解为经销商关注即时损失和成本的行为,减弱了揭发作为长期承诺的信号作用,进而削弱了揭发对关系质量的促进作用。

H_8:经销商专用资产投入削弱了经销商揭发对经销商与制造商关系质量的正向影响,经销商专用资产投入越高,经销商揭发对经销商与制造商关系质量的促进作用越弱。

2. 市场不确定性的调节效应

市场不确定性源于环境、技术、需求等因素的不可预料的变化(Rindfleisch & Heide,1997)。市场不确定性加剧了制造商和经销商之间的信息不对称(Achrol & Stern,1988),增加了查明错误行为的成本,减少了错误行为的风险。因此,市场不确定性会通过以下两条路径加强经销商揭发对经销商与制造商关系质量的影响。

第一,由于制造商和经销商所处的渠道位置不同,市场信息在他们之间的分布是不对称的(Wang,Gu & Dong,2013)。经销商与下游客户的接触更多,对市场变化更敏感,拥有更多的市场信息。当市场不确定性很高时,经销商与制造商间的信息不对称也会增强(Ryu,2006)。这样,其他经销商(潜在的犯错经销商)的错误行为就较难被发现,他们面临惩罚的可能性也较小(Klein,Frazier & Roth,1990)。在这种情况下,经销商的揭发行为对制造商的协助管理作用更加突出，更容易引起制造商的感激，更易提高揭发经销商与制造商间的关系质量。

第二，市场的不确定性产生了适应问题，使得制造商与经销商交易的计划和协调过程更具有挑战性（Rindfleisch & Heide，1997）。在这种情况下，制造商需要及时调整他们与经销商的协议，以应对市场的变化。而信任成为这一关系协调过程的重要工具，因为相互信任的制造商与经销商可以共同解决问题，可以更有效地应对变化的市场（Rousseau，et al.，1998）。现有研究也已经证实了：在市场不确定性高时，信任对绩效具有更强的影响（Poppo，Zhou & Li，2016）。因此，市场不确定性会加强经销商揭发对揭发经销商与制造商关系质量的影响，因为经销商揭发会促进制造商对他的信任，而市场不确定性越高，信任对二者关系质量的促进作用越强。

H₉：市场不确定性增强了经销商揭发对经销商与制造商关系质量的正向影响，市场不确定性越高，经销商揭发对经销商与制造商关系质量的促进作用越强。

6.2　研究方法

研究三与研究二具有相同的研究背景与研究主题，其中研究二关注经销商揭发行为的驱动因素，研究三关注经销商揭发行为的影响结果。因此，研究三与研究二保持一致的研究设计与数据收集程序。在此基础上，研究三开展服务于其研究模型的变量测量及后续的数据分析过程。

1. 变量测量

研究三的主要测量变量包括经销商与制造商的关系质量、经销商专用资产投入、市场不确定性和经销商揭发，具体的测量题项见表 6-1。

表 6-1 测量题项与信效度分析

题项	因子载荷
经销商揭发：CR＝0.88，AVE＝0.71，α＝0.88	
WB1 直接向制造商的销售经理等边界人员投诉此事	0.88*
WB2 直接向制造商的高层管理人员投诉此事	0.83*
WB3 通过经销商的官方报告渠道（如专门的客服部门等）进行投诉	0.82*
关系质量：CR＝0.75，AVE＝0.51，α＝0.75	
RP1 我们与该制造商老板的关系质量	0.82*
RP2 我们与该制造商销售经理的关系质量	0.62*
RP3 我们与该制造商的关系质量	0.68*
经销商专用资产投入：CR＝0.76，AVE＝0.51，α＝0.76	
DSI1 如果和该制造商的合作关系结束了，我们会损失很多针对该制造商积累的知识和经验	0.78*
DSI2 如果和该制造商的合作关系结束了，我们会损失很多专门针对该合作关系的投入	0.75*
DSI3 我们公司投入了很多资源来建立和发展与该制造商的合作关系	0.61*
市场不确定性：CR＝0.78，AVE＝0.54，α＝0.76	
MU1 很难对我们产品市场环境的变化趋势进行预测	0.81*
MU2 很难对我们产品的销售做出准确预测	0.68*
MU3 我们产品所在市场的变化很难预料	0.71*
制造商监督：CR＝0.90，AVE＝0.70，α＝0.91	
SM1 该制造商密切地关注我们，以确保我们不会做出伤害他们公司的事情	0.88*
SM2 在对我们提出某些要求后，该制造商会监督我们的进度	0.87*
SM3 该制造商会向其他公司打探我公司的活动，以确保我们没有隐瞒事情	0.83*
SM4 在签订合约以外的情形下，该制造商会一一核实我公司所列举的事实	0.76*
制造商激励：CR＝0.82，AVE＝0.53，α＝0.82	
IG1 当我们达到销售目标时，该制造商会给予我们很大的销售激励	0.80*
IG2 这个制造商的销售奖金额度比我们之前从其他制造商那里获得的额度都大	0.65*
IG3 这个制造商向我们提供高额佣金	0.74*
IG4 这个制造商比其他制造商提供的佣金额度都大	0.71*
经销商依赖：CR＝0.80，AVE＝0.57，α＝0.79	

（续表）

题项	因子载荷
RD1 在本地区,我公司很难找到其他公司提供与该制造商相同的产品线	0.73*
RD2 在本地区,如果找其他公司代替该制造商,会给我公司带来损失	0.80*
RD3 在本地区,我们很难找到别的公司,像该制造商一样带给我们这么多销售额和利润	0.73*
制造商依赖:CR=0.80,AVE=0.57,α=0.79	
SD1 在本地区,该制造商很难找到其他公司提供与我们相同的销售服务	0.80*
SD2 在本地区,如果该制造商找其他公司代替我们,会给他带来很大的损失	0.78*
SD3 在本地区,该制造商很难找到别的公司,像我们一样带给他这么多销售额和利润	0.68*
模型拟合度:$\chi^2(160)$=1.212,$p<0.01$;CFI=0.980;IFI=0.981;RMSEA=0.032	

注:* 代表 $p<0.01$

经销商与制造商的关系质量。与大多数使用单边数据的研究相似，我们从提供信息的公司角度（经销商角度）测量经销商对制造商与经销商关系质量的感知程度（Poppo & Zenger 2002）。根据 Poppo 和 Zhou（2014）的研究结果，我们对关系质量的测量反映了经销商对关系的满意度。

（1）经销商专用资产投入

我们与研究二保持一致，使用根据 Jap(1999)题项调整的三题项来衡量经销商在与制造商关系中的专用投资。

（2）市场不确定性

市场的不确定性反映了预测市场环境的难度（Grover & Malhotra，2003）。我们使用了 Kumar 等人（1995）的题项来测量这一变量。

（3）经销商揭发

与研究二一致，我们使用新开发的三题项量表来测量一个经销商如何使用各种策略向制造商报告其他经销商的错误行为。

我们在模型中纳入以下控制变量，以说明它们可能对因变量的方差变化的影响。首先，我们控制一些与企业相关的异质性来源，如企业规模、产品类别、品牌数量、经销商所有权性质和制造商所有权性质。其中，对经销商规模的衡量包括员工数量和年度销售额。所有变量的测量与研究二保持一致。其次，我们纳入了五个制造商-经销商交换特征：关系持续时间、相互依赖、经销商相对依赖、制造商监督和制造商激励。关系持续时间是指制造商-经销商交换关系存在的年限。遵循研究二的方法，我们采用了 Palmatier 等人(2007)的三项指标来衡量依赖性，相互依赖和经销商相对依赖分别反映在经销商依赖和制造商依赖的总和和差值上。监督是指一个公司用于观察和衡量其合作伙伴经营和行动的努力程度(Heide, Wathne & Rokkan, 2007)。根据 Poppo 和 Zhou(2014)的研究结果，我们调整了 Currall 和 Judge(1995)研究结果中的四个题项，以测量制造商如何审视和检查经销商的行为。激励是指企业为鼓励合作伙伴做出预期行动而提供的金钱报酬(Gilliland & Bello, 2001)。我们采用 Gilliland 等人(2010)的四题项来衡量制造商激励。最后，我们纳入了市场竞争程度，用单项题项("我们行业的竞争非常激烈/不激烈")来衡量。

2. 量表的信度与效度分析

我们根据 Anderson 和 Gerbing(1988)的分析程序评估本研究测量量表的信度与效度。首先，我们运用探索性因子分析方法分析所有多题项变量，结果显示所有析出的因子与理论假设一致。其次，我们用包含所有多题项变量的八因素模型进行验证性因子分析，结果表明所有拟合指标均在可接受范围内 $[\chi^2(160)=1.212, p<0.01; \text{CFI}=0.980; \text{IFI}=0.981; \text{RMSEA}=0.032]$。另外，如表 6-1 所列，所有测量的因子载荷均显著($p<0.01$)超过 0.50 的最低阈值(范围为 0.61 至 0.88)，所有构念的组合信度值均超过通常的 0.70 阈值(最低为关系质量 0.75，最高为制造商监督 0.91)，每个构念的平均抽取方差均超过基准的 0.50(最低为经销商

专用资产投入及关系质量 0.51,最高为经销商揭发 0.71),上述结果表明数据具有良好的收敛效度。

为了检验区分效度,我们对所有变量进行了一系列两两配对的卡方检验来比较无约束模型(相关系数无约束)和约束模型(规定相关系数为1)与数据的拟合程度。结果显示任意两组变量测量均具有显著差异(如制造商监督与制造商激励,$\Delta \chi^2(1) = 157.549, p < 0.001$),进而证实了数据的区分效度。此外,各构念的最高共享方差均小于其自身的平均抽取方差,进一步支持区分效度。

3. 同源偏差检验

本章研究数据来自经销商的自我报告数据。我们通过事前的研究设计与事后的数据检验两种方式对共同方法变异进行检测(Podsakoff, et al., 2003)。首先,根据 Feldman 和 Lynch(1988)的建议,我们采用了适当的程序性补救措施来最小化同源偏差问题。在问卷设计中,我们避免变量以逻辑假设的顺序出现(例如自变量-因变量)。同时,根据从实地采访和预先调查中收集的信息,我们确保在问卷中使用了被调查者熟悉的术语和短语。其次,我们采用 Lindell 和 Whitney(2001)的标记变量法来评估共同方法偏差的可能性。我们用公司主要产品的技术复杂性变量作为效标变量,因为理论上它与我们的模型中至少一个变量(例如经销商揭发)无关。结果显示,在我们控制效标变量后,只有一个相关系数(年销售额和制造商所有者之间)由显著变为不显著(表 6-2)。因此,在本章的研究中,同源偏差问题同样不显著。

表6-2

相关变量的描述性统计结果

相关变量	1	2	3	4	5	6	7	8	9	10	11	12	13	14	15	16
1. 制造商监督																
2. 制造商激励	-0.30**															
3. 经销商研发	-0.61**	0.54**														
4. 关系质量	-0.45**	0.50**	0.58**													
5. 专用资产	-0.25**	0.37**	0.34**	0.38**												
6. 环境不确定性	-0.37**	0.59**	0.60**	0.51**	0.43**											
7. 相互依赖	-0.24**	0.42**	0.31**	0.33**	0.34**	0.36**										
8. 相对依赖	0.05	0.05	0.06	0.07	-0.04	0.09	-0.10									
9. 关系长度	0.03	0.08	0.03	0.01	-0.01	0.11	0.17*	0.08								
10. 年销售额	-0.23**	0.01	0.05	0.13	0.13	0.15*	0.00	0.05	0.15*							
11. 员工数量	-0.03	-0.09	-0.04	-0.09	0.03	0.09	-0.08	-0.12	0.11	0.63**						
12. 产品竞争	-0.02	-0.05	0.08	-0.00	0.03	0.07	-0.20**	0.13	-0.02	0.14	0.27**					
13. 品牌数量	0.22**	-0.11	-0.23**	-0.23**	-0.03	-0.10	-0.05	-0.01	-0.01	0.13	0.23**	0.24**				
14. 经销商所有制	0.00	0.24**	0.22**	0.06	0.02	0.09	0.23**	-0.09	0.02	-0.23**	-0.11	0.06	-0.06			
15. 制造商所有制	0.19**	0.12	0.05	0.04	0.02	0.01	-0.04	0.02	0.12	-0.14	-0.14*	-0.04	-0.08	0.17*		
16. 行业竞争	0.26**	-0.02	-0.27**	-0.11	-0.06	-0.06	-0.01	-0.03	0.16*	0.07	0.13	0.05	-0.13	-0.13	-0.00	
平均值(Mean)	2.46	4.10	3.92	4.20	4.04	4.03	7.63	0.03	7.06	193.09	82.50	4.74	3.80	0.95	0.61	4.13
方差(SD)	1.10	0.69	0.92	0.62	0.71	0.71	1.50	0.81	4.56	269.74	1437	6.26	2.43	0.22	0.49	0.74

注：† 代表 $p<0.10$；* 代表 $p<0.05$；** 代表 $p<0.01$。

6.3　假设检验

本章主要研究经销商揭发在对制造商-经销商关系中的影响结果。具体来说，根据心理框架效应，在不同的渠道背景下，经销商揭发行为可能对制造商-经销商关系质量产生不同的影响。因此，本章探讨了经销商揭发行为对其与制造商之间的关系质量的直接影响，以及经销商的专用资产投入与市场不确定性的调节作用。遵循以往渠道研究的方法，我们使用三阶段多元层次普通最小二乘方法建立以下回归方程进行假设检验。首先，方程（6.1）检验所有控制变量对制造商-经销商关系质量的影响。其次，方程（6.2）同时加入自变量（经销商揭发行为）和调节变量（经销商专用资产投入和关系长度）。最后，方程（6.3）加入自变量与调节变量的交互项。由此，共建立以下三个回归方程：

$$RQ = \alpha_0 + \beta_1 SIZE + \beta_2 SALE + \beta_3 ProNUM + \beta_4 BraNUM +$$
$$\beta_5 DisOWNER + \beta_6 ManOWNER + \beta_7 RL + \beta_8 MutDP +$$
$$\beta_9 RelDP + \beta_{10} COM + \beta_{11} ManMON + \beta_{12} ManINC + \varepsilon_1 \quad (6.1)$$

$$RQ = \alpha_0 + \beta_1 SIZE + \beta_2 SALE + \beta_3 ProNUM + \beta_4 BraNUM +$$
$$\beta_5 DisOWNER + \beta_6 ManOWNER + \beta_7 RL + \beta_8 MutDP +$$
$$\beta_9 RelDP + \beta_{10} COM + \beta_{11} ManMON + \beta_{12} ManINC + \beta_{13} WB +$$
$$\beta_{14} DisTSI + \beta_{15} MU + \varepsilon_2 \quad (6.2)$$

$$RQ = \alpha_0 + \beta_1 SIZE + \beta_2 SALE + \beta_3 ProNUM + \beta_4 BraNUM +$$
$$\beta_5 DisOWNER + \beta_6 ManOWNER + \beta_7 RL + \beta_8 MutDP +$$
$$\beta_9 RelDP + \beta_{10} COM + \beta_{11} ManMON + \beta_{12} ManINC + \beta_{13} WB +$$
$$\beta_{14} DisTSI + \beta_{15} MU + \beta_{16} WB \times DisTSI + \beta_{17} WB \times MU + \varepsilon_3$$
$$(6.3)$$

式中：ManMON 表示制造商监督；ManINC 表示制造商激励；MU 表示市场不确定性。

我们使用有调节的回归模型检验经销商揭发行为对其与制造商的关系质量的影响，以及制造商-经销商交易风险（经销商专用资产投入和市场不确定性）对关系质量的调节作用。其中，我们用去中心化处理后的自变量和调节变量构建交互项，以避免多重共线性的潜在威胁。回归结果显示所有模型的最大方差膨胀因子为 2.98，远远低于 10.0 的标准值，表明本研究的回归数据不存在显著的多重共线性问题。

表 6-3 总结了本研究的回归结果。R^2 值反映的是模型中所有解释变量对因变量的解释能力。可以看到，对于基本模型（M1），控制变量解释了关系质量的变异方差的 16.9%。在包含了自变量与调节变量的直接影响的情况下（M2），R^2 值显著上升，对关系质量的及时程度上升了 23.0%。调节模型（M3）的解释能力在此基础上进一步提高了 3.8%，表明调节作用确实对关系质量具有解释能力。在回归系数方面，经销商揭发行为与制造商-经销商的关系质量显著正向相关（M2，$\beta = 0.190$，$p < 0.05$），表明经销商揭发对其与制造商的关系质量具有正向影响，这与我们在 H_{11} 中的预测一致。根据 H_{12}，我们预测当经销商的专用资产投入较高时，经销商揭发与关系质量之间的关联变弱。表 6-3 显示，经销商揭发与专用资产投入的交互项系数显著为负（M3，$\beta = -0.258$，$p < 0.01$），因此 H_{12} 得到支持。根据 H_{13}，我们预测当市场不确定性较高时，经销商揭发与关系质量之间的关系增强。表 6-3 显示，经销商揭发与市场不确定性的交互项系数显著为正（M3，$\beta = 0.177$，$p < 0.05$），因此 H_{13} 也得到了支持。

表 6-3	回归结果		
回归变量	关系质量		
	M1	M2	M3
控制变量			
员工数量	$-0.142^{\dagger}$	-0.175^{*}	-0.165^{*}

（续表）

回归变量	关系质量		
	M1	M2	M3
年销售额	0.159*	0.163*	0.164*
产品类别	0.085	0.051	0.048
品牌数量	−0.115†	−0.084	−0.116*
经销商所有制	−0.031	−0.025	−0.011
制造商所有制	0.055	0.032	0.042
关系长度	−0.060	−0.054	−0.031
相互依赖	0.129†	0.076	0.016
相对依赖	0.041	0.021	0.021
行业竞争	0.004	0.023	0.035
制造商监督	−0.271*	−0.146†	−0.182*
制造商激励	0.340*	0.172*	0.145†
直接效应			
经销商揭发		0.190*	0.220*
专用资产投入		0.101	0.140*
市场不确定性		0.150†	0.130†
间接效应			
经销商揭发×专用资产投入			−0.258**
经销商揭发×市场不确定性			0.177*
调整 R^2	0.351	0.399	0.437
ΔR^2		0.230**	0.038**
最高 VIF	2.01	2.57	2.98
F	10.194**	10.018**	10.298**

注:† 代表 $p<0.10$;* 代表 $p<0.05$;** 代表 $p<0.01$;其余 $p>0.50$。

为了进一步理解调节效应,我们在图 6-3 和图 6-4 中绘制了交互作用的影响。根据 Aiken 和 West(1991)的简单斜率分析法,我们绘制了两条线性回归直线,这两条直线的斜率分别代表了调节变量在平均值上、下一个标准差时自变量与因变量的相关系数。从图 6-3 可以看出,与高专用资产投入时相比,低专用资产投入时,经销商揭发对关系质量的正向影响更强,这与我们在 H_{12} 中所预测的相同。从图 6-4 可以看出,在市场不确定性较高时,经销商揭发对关系质量的正向作用要强于市场不确定性低时的正向作用,这与 H_{13} 的预测一致。这些结果证实了经销商专用资产投入和市场不确定性的调节作用。

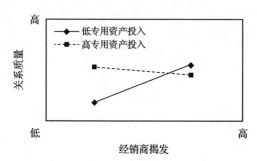

图 6-3　经销商揭发与专用资产投入的交互效应

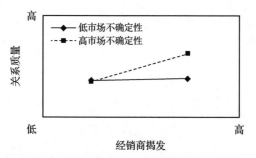

图 6-4　经销商揭发与市场不确定性的交互效应

6.4　对分析结果的讨论

本章的详细研究结果如下:

第一,回归结果显示经销商揭发对其与制造商的关系质量具有正向影响(H_7 得到支持),这表明作为组织间一种亲社会行为,经销商揭发确实可以通过协助制造商维护渠道秩序促进制造商对他的感激,释放长期关系导向的信号并建立起组织间信任,进而提升二者的关系质量。这一结果支持了亲社会行为的主张,即作为有利他目的的行为,亲社会行为是对其他主体有利的,因而能够提升主体间的关系。同时,这一研究结果也与组织行为领域的员工揭发行为研究的主张一致(尽管鲜少研究进行实证检验),即员工揭发可以协助组织进行管理,因而组织鼓励员工进行揭发(Lusch & Brown,1996)。

第二,专用资产投入和市场不确定性是描绘渠道交易风险的两个主要的特征要素,也是营销渠道研究关注的重点。营销渠道学者们一方面讨论这两个交易风险对渠道成员行为或治理方式的直接影响(Shervani,Frazier & Challagalla,2007),另一方面关注他们作为边界情境对渠道关系的调节效应(Sheng,Zhou & Li,2011;Wathne,et al.,2018)。

依托于心理框架效应,本书认为制造商会根据这两个交易风险特征重新理解和解读经销商的揭发行为,进而影响制造商与经销商之间的关系质量。具体来说,研究表明经销商专用资产投入对经销商揭发与制造商-经销商关系质量的关系具有负向调节作用(H_8 得到支持),即经销商专用资产投入越多,经销商揭发对其与制造商关系质量的促进作用越弱。这说明,经销商专用资产投入较高时,制造商更倾向于将经销商的揭发行为归因于经销商的利己动机(相对于利他动机),进而弱化揭发的积极效应。在市场不确定性方面,研究表明市场不确定性对经销商揭发与制造商-经销商关系质量的关系具有正向调节作用(H_9 得到支持),即市场不确定程度越高,经销商揭发对其与制造商的关系质量的促进作用越强。这说明市场不确定性越高,经销商揭发给制造商带来的价值越高,揭发带来的积极效应就越会被放大。因此,这些研究结果进一步说明了作为制造商-经销商关系的交易风险的主要特征,经销商专用资产投入和市场不确定性对渠道合作结果具有重要影响。

第7章 理论贡献、管理建议与未来研究方向

7.1 假设检验小结

本书聚焦于制造商-经销商群体背景，关注经销商（揭发经销商）将其观察到的其他经销商（犯错经销商）的错误行为报告给制造商的行为，即经销商揭发行为。首先，我们采用定性访谈的方式回答经销商揭发的内容、性质和动机，初步理解经销商揭发的概念。在此基础上，研究二与研究三建立在揭发行为研究和营销渠道研究的基础上，依赖于亲社会行为理论讨论经销商揭发的驱动因素及作用结果，共提出 9 个研究假设。具体而言，我们结合揭发行为研究和亲社会行为理论，提出经销商揭发行为的亲社会属性，这一猜想得到了定性访谈结果的验证。根据 Eisenberg（1986）的亲社会行为框架，研究二提出了经销商揭发行为的亲社会行为模型，并提出相关研究假设（$H_1 \sim H_6$）。研究三则主要关注制造商-经销商背景下，经销商揭发行为带来的影响结果。更具体地讲，研究三探讨了经销商揭发行为对制造商-揭发经销商关系质量的影响。同时，根据心理框架效应，研究三讨论了在不同的交易风险下，经销商揭发行为对制造

商-揭发经销商关系质量的不同影响,并提出相关的研究假设($H_7 \sim H_9$)。综上,研究二与研究三共提出 9 个研究假设,其中包含 7 条直接影响路径和 2 条调节路径。参照营销渠道研究传统的做法,我们采用多元层次回归法对这些假设进行检验。一方面,多元层次回归的回归模型可以逐步放入控制变量与自变量,检测自变量对因变量的解释程度。另一方面,多元层次回归帮助我们直接检验调节效应,且它通过逐步检验自变量和交互项的方式提供调节变量单独的解释能力。最终,9 个假设中共有 8 个假设得到支持,1 个没有得到支持,表 7-1 展示了详细的研究假设的结果。

表 7-1　　　　　　　　　　　　　研究假设结果小结

研究	假设	结果
研究二	H_1:经销商的责任感与其揭发行为存在正相关关系	支持
	H_2:经销商的专用资产投入与其揭发行为存在正相关关系	支持
	H_3:经销商与制造商的相互依赖程度和经销商揭发行为存在正相关关系	支持
	H_4:经销商对制造商的相对依赖程度与经销商揭发行为存在负相关关系	未支持
	H_5:经销商对制造商的信任会促进经销商揭发	支持
	H_6:制造商对经销商的投机会促进经销商揭发	支持
研究三	H_7:经销商揭发可以提高经销商与制造商的关系质量	支持
	H_8:经销商专用资产投入削弱了经销商揭发对经销商与制造商关系质量的正向影响,经销商专用资产投入越高,经销商揭发对经销商与制造商关系质量的促进作用越弱	支持
	H_9:市场不确定性增强了经销商揭发对经销商与制造商关系质量的正向影响,市场不确定性越高,经销商揭发对经销商与制造商关系质量的促进作用越强	支持

此外,我们还针对经销商的人格特征、认知要素与情感要素对经销商揭发的交互影响进行了补充检验。具体而言,我们分别检验了代表经销商认知要素的专用资产投入和依赖结构与代表经销商情感要素的经销商信任与制造商投机、代表经销商人格特征的经销商责任感的交互作用。结果表明经销商责任感与经销商和制造商的相互依赖对经销商揭发具有

正向的交互影响；经销商责任感与经销商对制造商的相对依赖对揭发存在正向的交互作用；经销商对制造商的信任与经销商的专用资产投入具有负向的交互作用；经销商对制造商的信任与经销商与制造商的相互依赖具有正向的交互作用。我们也检验了经销商两条认知路径之间的交互作用，即经销商专用资产投入与经销商与制造商的依赖结构对揭发的交互影响。结果表明经销商的专用资产投入与经销商和制造商的相互依赖具有负向的交互效应。我们同时检验了经销商情感要素之间的交互作用，即经销商信任与制造商投机对经销商揭发的交互影响，结果表明经销商信任与制造商投机对经销商揭发存在正向的交互影响。

7.2　理论贡献

本书在制造商-经销商群体背景下检验经销商错误行为的驱动因素与影响结果。我们分别采用定性访谈和定量问卷调查的方法对研究假设进行验证，且大部分的研究假设得到了支持。本书的实证结果对营销渠道研究和揭发行为研究均具有重要意义。

第一，渠道揭发行为的提出为渠道治理提供了新的洞见。不法、违规或不道德的行为在分销网络中时有发生，传统的渠道治理研究从渠道管理者的角度探索制造商在二元关系下应该采用何种治理手段监督渠道系统的运行，例如合同（Kashyap & Murtha，2017）、监控（Heide，Wathne & Rokkan，2007）、激励（Gilliland & Kim，2014）、信任（Krishnan，et al.，2016）和关系规范（Heide & John，1992）等。通过提出分销网络中包含揭发经销商、犯错经销商和接收揭发的制造商三方的揭发行为，我们关注了被治理的经销商所形成的横向网络的作用，即经销商之间的揭发行为。因此，本书通过将渠道治理的二元视角扩展到网络层面进行分析，为制造商实施渠道治理提供了新的思路。更具体地讲,我们发现经销商揭发可以通过揭发渠道中其他经销商的错误行为提高揭发经销商与制造商之间的关系质量,达到治理经销商-制造商关系的效果。此外,本书针对渠道揭发行为的主张也证实了渠道网络所引发的信息效应为渠道管理者带来的另一个好处。相比于二元渠道关系,渠道网络为渠道成员提供了更多的信息来源。这一信息溢出效应有助于渠道管理者对渠道的治理。例如,制造商可以通过调整对某一个经销商错误行为的惩罚力度或公平程度来影响分销网络中其他经销商未来投机的可能性(Wang, Gu & Dong, 2013),或者,制造商可以通过在获得奖励的经销商中树立一个模范的方法来鼓励网络中其他经销商未来遵从制造商政策(Zheng, et al., 2020)。但是渠道网络的信息效应也为渠道管理者的渠道治理提出了挑战。例如,一些大型零售商会与许多供应商签订具体的合作条款,这些供应商之间可能会通过相互比较产生公平或不公平的感知(Lee & Griffith, 2019),增加渠道管理的困难。本书关注经销商揭发行为,即经销商利用分销网络的溢出信息将其他经销商的错误行为报告给制造商,进而提升经销商与制造商之间的关系质量,因此证实了网络溢出信息对渠道治理的积极效应。

第二,本书根据亲社会行为理论检验了经销商揭发的影响因素,深化了我们对渠道揭发行为的理解,丰富了渠道行为研究。遵循亲社会行为模型,我们发现经销商揭发行为受到其人格特征、认知要素和情感要素的影响。具体而言,当自身的责任感较强时,经销商更倾向在渠道关系中做出负责任的揭发行为。以往渠道研究忽略了渠道成员自身的人格特征,本书的研究发现则体现了经销商自身责任感对其行为的重要影响,强调了渠道成员人格特征在组织间交往中的作用。我们发现当经销商对制造商投入专用资产越多时,其采取揭发行为带来的潜在收益越大,进而越会促进经销商的揭发行为。这一研究发现进一步证实了专用资产投入在渠道关系中的积极效应,即渠道成员的专用资产投入不仅象征了该成员对此种交换关系的长期承诺(Schepker,et,al.,2014),促进组织间信任(Zhong,et al.,2017),抑制投机等破坏性行为(Liu,Luo & Liu,2009),同时也能够激发主动揭发这一合作行为。本书研究结果还表明经销商与制造商相互依赖强度越高,经销商揭发的效力越高,采取揭发行为的可能性也越大。这一研究结果支持了以往研究中对高相互依赖的组织间关系的主张。以往研究发现相互依赖的合作伙伴容易发展长期关系导向,促进双方的关系行为(Lusch & Brown,1996)。本书发现相互依赖也能够通过促进揭发行为维护组织间关系。经销商对制造商的信任程度越高,其揭发的可能越大。这一结果与关系交换理论的主张一致,进一步强调了信任的重要性。渠道学者们已经验证了信任在提升经济绩效(Zaheer,McEvily & Perrone,1998)、增强关系满意度(Gundlach & Cannon,2010)、限制伙伴投机行为(Rindfleisch & Moorman,2008)等方面的作用。我们的研究结果表明信任还可以促进渠道成员主动维护伙伴的揭发行为。相反,本书发现制造商对经销商的投机程度越高,经销商采取揭发的可能越小。这与之前的投机行为研究结果一致,即投机会产生负面效果,例如获得不佳的经济绩效(Wathne & Heide,2000)、对合作不满意(Wang & Yang,2013),甚至合作终止(Seggie,Griffith & Jap,2013)等。制造商投机会减少经销商的揭发行为这一研究结果表明,渠道成员自己的投机不仅会损害伙伴的利益,也会通过减少伙伴的揭发危害到自身的利益。

本书补充检验了自变量之间的交互效应,结果表明经销商与制造商的相互依赖与相对依赖程度越高,经销商越倾向将维护制造商的利益视为己任,增强责任感对揭发的促进作用;相反,经销商与制造商相互依赖程度越高,越会削弱专用资产投入的利益联结的效果,越会降低专用资产投入的促进作用。另外,经销商信任与制造商投机之间对揭发行为具有正向的交互作用,拓展了对组织间关系的认识。本书还发现经销商专用资产投入与经销商和制造商的相互依赖对信任与揭发关系的正向调节作用,证实了揭发的内部动机与外部动机之间的相互影响。这些研究结果进一步丰富了我们对渠道背景下揭发行为动因的理解。

第三,本书根据心理框架理论检验了经销商揭发对其与制造商的关系质量的影响,以及渠道背景的调节作用,认识到了经销商揭发在制造商渠道关系管理中的作用。在丰富了渠道治理研究的同时,也扩展了我们对渠道揭发行为的认识,扩充了渠道行为的研究文献。我们发现与组织间角色外利他行为的影响结果相同,作为组织间角色外利他行为的一类,经销商揭发行为也可以提升他与制造商的关系质量。同时,专用资产投入与市场不确定性作为渠道交易风险是渠道成员选择渠道策略(例如渠道治理方式)的重要依据(Cao,et al.,2018)。本书发现它们可以通过影响制造商对经销商行为的评估而改变经销商揭发对制造商-经销商关系质量的影响。具体而言,经销商揭发对关系质量的促进作用在经销商专用资产投入较高时会被削弱,在市场不确定性较高时会被加强。

因此,本书通过验证制造商-经销商关系对经销商揭发行为的影响,以及经销商揭发行为对制造商-经销商关系的影响和边界条件,加深了对经销商揭发的理解,进一步丰富和拓展了渠道行为领域的研究,也为渠道治理研究提供了新的思路。同时,本书的研究结果也验证了一些以往渠道研究的结果。

第四,我们的研究将揭发行为的焦点从个人层面拓展到企业层面,丰富了揭发行为的研究。揭发在约束不道德的商业行为并制止错误行为对个人、组织甚至整个社会带来的负面效应中起到了至关重要的作用(Culiberg & Mihelič,2017)。尽管在现有的社会心理学、商业伦理和管理学领域研究中,揭发行为均引起了广泛的关注,但大多数研究关注的是个体的揭发行为(Memagnus & Viswesvaran,2005)。以往的研究仅探讨了员工对其同事或组织的错误行为的检举报告(Cheng,et al. 2019;Culiberg & Mihelič,2017;Miceli,1985;Near & Miceli,1996),虽然这些研究为企业伦理和组织行为领域作出了重要贡献,但他们忽略了组织外部的其他社会主体,例如消费者、买方企业、制造商等,对观察到的错误行为的揭发反应(Culiberg & Mihelič,2017)。而反观现实中的渠道实践,在由一个制造商和多个经销商组成的分销渠道中,经销商们经常会揭发彼此的不道德行为。例如,在对中国较大的汽车制造商上汽集团的一名渠道经理的采访中,我们了解到该公司经常收到经销商之间针对彼此的不当行为的指控,比如不道德的价格竞争或虚假促销活动等。因此,响应以往研究的呼吁(Carter,2000;Culiberg & Mihelič 2017),本书关注营销渠道背景下的组织层面的揭发行为。具体而言,我们聚焦于制造商-经销商群体组成的分销网络结构下的经销商揭发行为,探讨经销商揭发行为的性质、在制造商-揭发经销商关系下的驱动因素以及作用结果。

将揭发行为研究拓展至营利性企业层面的同时,本书的研究结果进一步拓展了对揭发行为的亲社会性质及影响结果的认识。我们确认了在分销渠道背景下经销商揭发行为的亲社会性质。以往的文献强调了个人揭发行为的自愿性和利他性(Dozier & Miceli,1985;Gundlach,Douglas & Martinko,2003),认为这是一种亲社会行为(Latan,et al,2018),并以亲社会行为理论为理论基础检验了个人揭发的前因。通过定性访谈,我们发现,与员工的揭发行为相同,经销商揭发行为也具有亲社会的性质,即它是一种自愿的、超出了经销商的合同义务的利他行为。同时,本书根据亲社会行为框架检验了经销商人格特征和认知要素对经销商揭发的驱动作用。因此,本书拓展了亲社会行为在揭发行为领域的应用。另外,以往研究关注了揭发对揭发者(Rehg,et al.,2008)以及接收揭发组织(Johansson & Carey,2016)的影响,本书通过检验经销商揭发对经销商-制造商关系质量的影响,发现了揭发对揭发者-接收揭发组织关系的积极效应,进一步拓展了对揭发行为的影响结果的认识。

7.3　管理建议

经销商的一些错误行为会损害制造商与经销商的关系（Carter，2000），甚至会对消费者和公众造成严重损害。以乳制品为例，曾经发生的婴幼儿配方奶粉丑闻给公众健康造成了严重损害。例如，湖南省郴州市的一家经销商（超市）将一种蛋白质类固体饮料作为奶粉进行出售，导致一些婴幼儿出现佝偻病（新华网，2020）。然而，这种固体饮料的制造商并没有卷入这起丑闻，这是一起发生在分销渠道中的经销商的错误行为。为了制止这类错误行为造成的损失，除了传统的基于契约或关系的治理机制外，对于经销商网络还需要其他治理方式共同建立起全面的防卫措施。本书认为经销商揭发可以约束经销商群体的错误行为，减小错误行为给分销网络造成的损害，可以很好地保护渠道系统，也会增进揭发经销商与制造商的关系质量。因此，本书的研究结果对企业也具有一定的启示作用。

本书的定性研究结果帮助经销商与制造商理解经销商的揭发行为，为正确采取揭发策略或正确对待伙伴的揭发行为提供思路。本书针对经销商和制造商的渠道管理人员的访谈结果展示出了分销网络中经常被揭发给制造商的经销商错误行为，这些错误行为包括产品造假、销售不合格产品、非正常价格竞争、跨区域销售和虚假宣传等。因此，当经销商想要通过揭发行为向制造商"示好"时，可以将精力放在搜索其他经销商的上述不当行为上。同时，由于远离终端市场，制造商对经销商们的上述不当行为的信息获取相对困难，但经销商之间更容易发现这些错误。因此，当制造商绩效下降，或了解到渠道中存在产品造假等现象却无法找到犯错经销商时，可以鼓励经销商之间的揭发行为。我们的定性研究还揭示了经销商揭发的亲社会性质，即该行为既是经销商主动自愿的，也是为制造商服务的行为。因此，制造商需要意识到揭发是经销商为自己付出的额外的努力,并需要通过采取一定的策略鼓励这一努力。

对于制造商,经销商揭发能够帮助其在整个分销渠道中防止错误行为,达到提高二者关系质量的结果。因此,本书鉴于经销商揭发对二者关系质量的影响结果,建议制造商鼓励经销商揭发行为。经销商们嵌入分销网络中,他们可能对网络中其他经销商的异常或不道德的行为更加敏感,比如功能失调的价格竞争,质量不达标,或给最终用户提供强制性服务等。但是,即使当他们发现了同行的错误,一些经销商也会选择不披露甚至模仿错误。例如,曾有许多某汽车品牌经销商被指控擅自向客户收取服务费等,这表明在发现其他经销商的不当行为后,一些经销商加入了不法行为的行列,而没有为制造商或公众发声。因此,制造商需要采取一些措施提高分销网络中经销商的揭发频率。本书的研究结论为制造商提供以下两方面的建议。

一方面,本书为制造商挑选合作经销商与管理渠道运行提供了新的借鉴。制造商在管理实践中由于信息不对称等原因很难完全监控所有合作经销商的行动,并且采取契约或监督等手段是很昂贵的,因此制造商可以挑选揭发可能性较高的经销商作为合作伙伴或鼓励其合作经销商采取揭发行动。本书的研究结果显示,经销商的责任感与经销商揭发行为正相关,即经销商是否会采取揭发行为在一定程度上与该经销商自身的经营风格和特征相关,越是会对自身经营负责任的经销商,越会对合作伙伴负责,越愿意进行揭发。这就为制造商事先挑选合作伙伴提供了新的借鉴。根据我们的研究结果,建议在合作伙伴选择期间,考虑到经销商未来揭发的可能性,制造商可以挑选那些表现出强责任感的经销商。本书认为经销商对揭发的成本-收益分析与揭发有效性分析结果也会对其揭发意愿产生影响。因此,制造商可以通过提升经销商揭发的收益(或不揭发的成本)及揭发成功的期望来鼓励经销商的揭发。我们的研究结果为实现这一想法的具体策略提供了依据。具体而言,我们发现经销商的专用资产投入可以通过提升不揭发的成本来提升其揭发意愿,同时经销商与制造商的相互依赖可以通过提升经销商揭发有效性促进其揭发意愿。因此,我们建议制造商在合作阶段可以要求经销商在既定产品类别中投入更多的专用资产,或者扩大二者的合作规模,提升合作在双方业务中的战略地位,以增加相互依赖程度,从而促进经销商的揭发行为。我们的研究结果表明,经销商感知到的情感会对揭发行为产生影响。其中,经销商信任与经销商揭发正相关,而制造商投机与经销商揭发负相关,因此制造商可以通过在分销关系中建立信任和约束自己的投机行为来鼓励经销商的揭发行为。尽管以往的研究也建议制造商在企业间关系中培养信任(Poppo,Zhou & Li,2016),但为了鼓励经销商揭发,我们进一步支持这一建议。为了达到这一目标,制造商应该遵守合同条款,提高其在行业中的声誉,增加其与合作伙伴的知识共享,或投入其他努力,用以表明其可信性(Doney & Cannon,1997),激发经销商对自己的信任,促进他们进行揭发的可能。另外,尽管机会主义行为可能为制造商带来短期利益,以往的渠道研究也都建议上游供应商或下游经销商采取治理机制抑制制造商的投机行为,但考虑到制造商机会主义对经销商揭发行为的负面影响,而经销商揭发对保护整个经销网络和公众的利益起着至关重要的作用,我们建议制造商自己主动减少投机行为,进而增加经销商揭发的可能。我们的研究也发现了这些驱动因素之间的交互作用,因此,制造商还需要考虑不同情况下的交互影响,例如他与经销商之间的专用资产投入结构和他与制造商的相互依赖程度对信任的作用的调节影响。具体而言,经销商的资产投入越高,培养经销商对自己的信任对促进经销商最后的揭发行为的效果越弱;而经销商与制造商的相互依赖程度越高,培养信任对促进经销商揭发行为的效果越强。因此我们建议:当经销商投入的专用资产投入越少时,或二者的相互依赖程度越高时,制造商越要注重对经销商信任的培养。

另一方面,制造商还可以通过其他方式鼓励经销商进行揭发。比如,制造商可以建立正式的揭发程序,类似于组织用来鼓励内部员工揭发的程序。例如,中国的茅台酒品牌,由于其极高的知名度及很高的利润率,正遭受着假冒伪劣产品的危机,甚至有的经销商也同时销售假茅台酒。另外,因为揭发经销商可能会在分销网络中面临犯错经销商的报复,制造商的措施还应该包括对揭发经销商的保护措施。

本书关于经销商揭发行为的影响结果的研究发现也为经销商的揭发策略提供了管理意见。本书的研究结果显示,经销商揭发对制造商与经销商关系质量有正向影响,不仅帮助制造商在整个分销渠道中防止错误行为,也是改善二元关系的有效方式。因此,本书为经销商是否要采取揭发行为的策略提供了建议,即我们认为经销商可以通过揭发其他经销商的错误行为向制造商"示好",提升他与制造商的关系质量。但揭发对关系质量的促进效果会根据不同的渠道背景而改变,本书认为制造商会根据具体的交易风险分析经销商的揭发行为,进而改变他对经销商揭发的看法,影响其对关系质量的作用。因此,本书也为经销商何时采取揭发行为提供思路。具体而言,当经销商专用资产投入较高时,经销商揭发对制造商-经销商关系质量的提升效果会被削弱。因此,我们建议经销商在投入的专用资产水平较低时更要采取揭发行为。相反,当市场不确定性较高时,经销商揭发对制造商-经销商关系质量的提升效果会被增强。因此,我们建议经销商通过采取揭发行为提升他与制造商的关系质量,尤其是当市场更加动荡,不确定性程度更高时,这一策略更加有效。

7.4 局限性与未来研究方向

在应用本书结论的同时,也要考虑到本书的局限性。

第一,本书的数据存在局限性。一方面,本书结论的一般性受限于样本选择偏差。我们选取的样本仅限于中国企业,这在一定程度上限制了我们研究结果的普适性。虽然非正式的组织间治理机制,例如关系,在中国很常见(Gu,et al.,2008),而且经销商通常通过社交网络联系在一起(Sheng,et al.,2011),为揭发创造了机会,但这样的行为也可能存在于其他经济体中,而其对相关渠道结果的影响可能因文化或制度背景的不同而产生差异(Culiberg & Mihelič,2017)。例如,个体层面的揭发研究发现不同国家的个体对揭发的态度和意愿存在差异(Pillay,Reddy & Morgan,2017)。因此未来的研究可以继续探索不同经济体中的经销商揭发行为,拓展经销商揭发行为理论的普适性。同时,本书选择制造商-经销商群体背景下的经销商揭发行为为研究对象,因为分销网络中存在大量错误行为,且经销商们由于接近市场有更多发现彼此错误行为(比如窜货)的机会,为研究揭发行为提供了契合的背景,这一聚焦帮助我们揭示了渠道揭发行为。但揭发在其他渠道网络中可能没有那么普遍。例如在零售商-制造商群体的网络中,制造商在封闭的工厂内生产产品,产品工艺信息受到严格保护,分销商缺少探测彼此错误行为的途径,使揭发变得困难。因此,渠道揭发行为效应可能会受到具体的渠道背景的调节作用,未来的研究可以进一步探索不同渠道网络中的揭发行为。另一方面,本书受限于我们的数据收集方法。尽管本书结合定性研究与定量研究的方法对假设进行验证,为研究结果提供了较高的可信度,但本书的定性研究仅作为一项探索性研究,帮助我们加深对经销商揭发行为的了解,为后续的定量研究做铺垫,因此不足以支持后面的假设,更无法验证假设中自变量与因变量的因果关系。在定量研究方面,我们在进行问卷调查时从单一数据源(经销商)收集数据,尽管采用了多种方法检测同源偏差问题,结果也证明同源偏差问题并不严重,但从多数据源(在本书中,数据源可以是揭发经销商、犯错经销商以及接收揭发信息的制造商)处获取数据,或结合一手数据与二手数据,可以对这一复杂的渠道行为提供更多的见解。另外,这些数据的横截面性质也限制了我们在模型中确认因果关系的能力,未来的研究应采用其他方法,如实地和纵向研究,以审查这些联系的动态演变。

第二，本书关于经销商揭发行为的亲社会属性猜想及它的积极影响的论点是建立在经销商揭露的信息是完整并真实的，进而可以有效地帮助制造商的假设基础之上的。我们的采访也证实了这一设想是很有可能的，制造商们也表示在大部分情况下，经销商揭发确实帮助他们发现了渠道中的问题。但是，当经销商所揭露的错误行为不完整或被故意扭曲时，例如经销商为了诋毁其他经销商或接管其他经销商的业务而构陷其他经销商时，被揭露的信息不能帮助制造商维护渠道秩序，相反还可能降低渠道效率，因此这一类的揭发不具有利他性，也不属于亲社会行为，因而不适用于本书的研究结论。个体层面的揭发研究也指出了反社会揭发存在的可能（Near，1996）。尽管本书结合渠道实践与揭发行为研究关注亲社会的经销商揭发行为，但我们认为反社会揭发的影响值得进一步探究。

第三，本书根据亲社会行为理论，检验了经销商揭发行为的人格特征、认知要素和情感要素对经销商揭发行为的影响，拓展了对渠道揭发行为驱动因素的认知。我们认为揭发研究与渠道领域还有其他理论可以为渠道揭发行为提供思路。例如，组织行为学者还运用许多其他理论理解员工揭发，例如道德行为理论（Ponemon，1994）、权力理论（Miceli & Near，1992）等，未来的研究可以从这些理论视角出发检验渠道揭发行为的动因，进一步丰富渠道揭发行为的研究，同时拓展这些理论在揭发行为领域的应用。营销渠道研究可以为未来研究提供思路。例如，委托代理理论被广泛用于渠道研究，且研究发现代理控制（如监督和激励）能够影响渠道成员在最低要求之外的额外付出（Kashyap & Murtha，2017），因此也可能影响渠道成员的揭发行为。

同时，本书仅从双边视角（经销商-制造商）出发探寻经销商揭发的机制，鉴于揭发行为涉及至少三个行为主体（揭发经销商、被揭发经销商、接收揭发的制造商），未来的研究应当探索多边关系对经销商揭发的影响，例如经销商群体的特征、揭发经销商（或被揭发经销商）在经销商群体中的网络结构、被揭发经销商与制造商的关系等。以经销商群体特征为例，营销渠道学者指出经销商们之间的地理距离可以促进他们的知识分享（Ho & Ganesan，2013），这一分享增加了他们探测彼此错误行为的机会，进而提高了揭发的可能性。同时，经销商们的地理距离越近，他们的竞争程度越高（Pancras，Sriram & Kumar，2013），也可能激发他们相互揭发的意愿。因此，经销商们的地理位置很有可能会促进他们的揭发行为。探究这一关系不仅可以进一步丰富对渠道揭发行为动因的探索，也可以为学者们关于经销商地理位置的争论（提升知识分享的好处 V.S.加剧竞争的弊端）提供方向（Butt，et al.，2018）。另外，学者们也可以探索揭发的具体内容如何影响渠道揭发行为，并为渠道环境中其他伦理问题提供新的思路。具体地说，我们考察了经销商的揭发行为，但没有指明所揭发的具体的错误行为。正如我们的定性访谈所显示的，经销商可以观察到各种方面（产品、价格、渠道及促销）的错误行为，而这些错误行为可能影响经销商的揭发反应。例如，之前的研究表明，不当行为的类别（Robinson，Robertson & Curtis，2012）和严重性（Andon，et al.，2018）与揭发者的意愿有关，因而未来的研究可以探索渠道成员针对不同错误行为的揭发策略。

第四，本书仅从制造商与揭发经销商关系的角度，研究了经销商揭发对制造商与揭发经销商的关系质量的影响。一方面，尽管关系营销理论强调渠道关系质量的意义，即可以为了长期稳定的合作忽视短期经济利益，但经济绩效依然是企业追求的重要目标，因此未来的研究可以关注揭发对经济绩效带来的影响。另一方面，对于分销网络中的其他网络（例如整个分销网络或经销商群体）或二元关系（犯错经销商与揭发经销商、犯错经销商与制造商、旁观经销商与制造商），甚至是揭发经销商本身来说，经销商的揭发行为又会带来什么影响，这也需要未来的研究给予回应。例如，在组织内部，对揭发员工的报复是揭发行为给揭发者带来的一个主要的负面影响（Curtis，et al.，2020），也成为员工在做揭发决策时考量的一个重要因素，那么经销商揭发是否以及何时会导致来自被揭发经销商或其他旁观经销商（以抱团排斥的形式）的报复？又如，揭发行为文献指出对于揭发者所在的群体，揭发象征着背叛（Zhang，Chiu & Wei，2009），这一背叛可能会带来群体成员的相互猜忌和不信任，进而破坏他们之间的合作。因此，对于制造商而言，尽管它会感谢揭发经销商的付出，但考虑到揭发对经销商群体合作关系的影响，经销商揭发对渠道整体绩效的影响还有待考究。

正如某汽车品牌经销商擅自向客户收取服务费的案例一样，一些经销商可能决定不报告甚至模仿所观察到的错误行为。在组织行为领域，Miceli 和 Near（1984）识别了两种观察到错误行为的员工，不作为的观察者和揭发者，以及他们背后不同的动机。本书从治理的角度出发只关注了揭发行为，而忽略了经销商的其他反应，包括发现错误行为后的不作为或效仿行为。然而，研究他们的不作为或模仿所观察到的错误行为的动机和影响也会对营销渠道领域的发展具有重要意义。

参考文献

[1] 陈逢文，付龙望，张露，等. 创业者个体学习、组织学习如何交互影响企业创新行为？——基于整合视角的纵向单案例研究. 管理世界，2020，36(3)：142-164.

[2] 陈雨田，吕巍. 制度化，关系建设及角色绩效——一个关系治理的复合模式及基于亚太地区工业品营销渠道的实证研究. 管理世界，2011(8)：1-10.

[3] 崔蓓，王玉霞. 供应网络联系强度与风险分担：依赖不对称的调节作用. 管理世界，2017(4)：106-118.

[4] 丰超，庄贵军，陈慧，等. 经销商"抱团"如何改变渠道中的合同治理. 南开管理评论，2019，22(2)：4-13.

[5] 丰超，庄贵军，张闯，等. 网络结构嵌入、关系型渠道治理与渠道关系质量. 管理学报，2018，15(10)：980-987.

[6] 韩炜，杨俊，陈逢文，等. 创业企业如何构建联结组合提升绩效？——基于"结构—资源"互动过程的案例研究. 管理世界，2017(10)：130-149.

[7] 刘燕，赵曙明，蒋丽. 组织中的揭发行为：决策过程及多层次的理论框架. 心理科学，2014，37(2)：460-467.

[8] 寿志钢，王进，汪涛. 企业边界人员的私人关系与企业间机会主义行为——双刃剑效应的作用机制及其边界条件. 管理世界，2018(4)：162-175.

[9] 王凤彬，王骁鹏，张驰. 超模块平台组织结构与客制化创业支持——基于海尔向平台组织转型的嵌入式案例研究. 管理世界，

2019，35（02）：121-150.

[10] 王勇，庄贵军，张闯，等. 营销渠道中的合同治理、公平与角色外利他行为. 中国管理科学，2018，26（6）：188-196.

[11] 夏春玉，郭奇，张闯. 三元渠道网络中分销商的投机行为与网络嵌入治理机制. 财贸研究，2019，30（5）：70-79.

[12] 夏春玉，张志坤，张闯. 私人关系对投机行为的抑制作用何时更有效？——传统文化与市场经济双重伦理格局视角的研究. 管理世界，2020，36（1）：130-145.

[13] 肖静华，吴瑶，刘意，等. 消费者数据化参与的研发创新——企业与消费者协同演化视角的双案例研究. 管理世界，2018，34（08）：154-173＋192.

[14] 张闯. 营销渠道管理. 大连：东北财经大学出版社，2012.

[15] 张闯. 中国营销渠道研究 30 年：回顾与展望. 北京工商大学学报（社会科学版），2020，35（06）：1-14.

[16] 张闯，秦冬露. 渠道建言与渠道沉默：概念模型与研究命题. 经济管理，2016（11）：131-145.

[17] 张闯，夏春玉，梁守砚. 关系交换、治理机制与交易绩效：基于蔬菜流通渠道的比较案例研究. 管理世界，2009（8）：124-140.

[18] 张闯，周晶. 渠道揭发：概念模型与研究命题. 经济管理，2018（3）：145-158.

[19] 张涛，庄贵军. IT 能力、渠道关系治理行为与渠道满意：分销商投机氛围的权变影响. 管理评论，2015，27（07）：116-126.

[20] 张永军. 敢做还是要做：伦理型领导对员工揭发意愿的影响. 商业经济与管理，2016（3）：56-64.

[21] 周茵，庄贵军，杨伟. 营销渠道中的权威治理策略与渠道投机行为：非线性关系的实证检验. 北京工商大学学报（社会科学版），2017，32（1）：42-49.

[22] 庄贵军. 中国企业的营销渠道行为研究. 北京：北京大学出版社，2007.

[23] Achrol R S, Gundlach G T. Legal and social safeguards against opportunism in exchange. Journal of Retailing, 1999, 75(1): 107-124.

[24] Achrol R S, Stern L W. Environmental determinants of decision-making uncertainty in marketing channels. Journal of Marketing Research, 1988, 25(1), 36-50.

[25] Anderson E, Weitz B. The use of pledges to build and sustain commitment in distribution channels. Journal of Marketing Research, 1992, 29(1): 18-34.

[26] Andon P, Free C, Jidin R, et al. The impact of financial incentives and perceptions of seriousness on whistleblowing intention. Journal of Business Ethics, 2018, 151(1): 165-178.

[27] Antia K D, Bergen M E, Dutta S, et al. How does enforcement deter gray market incidence? Journal of Marketing, 2006, 70(1): 92-106.

[28] Antia K D, Frazier G L. The severity of contract enforcement in interfirm channel relationships. Journal of Marketing, 2001, 65(4): 67-81.

[29] Antia K D, Mani S, Wathne K H. Franchisor-franchisee bankruptcy and the efficacy of franchisee governance. Journal of Marketing Research, 2017, 54(6): 952-967.

[30] Autry C W, Skinner L R, Lamb C W. Interorganizational citizenship behaviors: An empirical study. Journal of Business Logistics, 2008, 29(2): 53-74.

[31] Bai X, Sheng S, Li J J. Contract governance and buyer-supplier conflict: The moderating role of institutions. Journal of Operations Management, 2016, 41: 12-24.

[32] Barrick M R, Mount M K. The big five personality dimensions and job performance: A meta-analysis. Personnel Psychology, 1991,

44(1): 1-26.

[33] Bergen M, Dutta S, Walker Jr O C. Agency relationships in marketing: A review of the implications and applications of agency and related theories. Journal of Marketing, 1992, 56(3): 1-24.

[34] Bhal K T, Dadhich A. Impact of ethical leadership and leader-member exchange on whistle blowing: The moderating impact of the moral intensity of the issue. Journal of Business Ethics, 2011, 103(3): 485-496.

[35] Bjørkelo B, Einarsen S, Matthiesen S B. Predicting proactive behaviour at work: Exploring the role of personality as an antecedent of whistleblowing behaviour. Journal of Occupational and Organizational Psychology, 2010, 83(2): 371-394.

[36] Blau P M. Exchange and power in social life. New York: John Wiley, 1964.

[37] Brown J R, Dev C S, Lee D. Managing marketing channel opportunism: The efficacy of alternative governance mechanisms. Journal of Marketing, 2000, 64(2): 51-65.

[38] Butt M N, Antia K D, Murtha B R, et al. Clustering, Knowledge sharing, and intrabrand competition: A multiyear analysis of an evolving franchise system. Journal of Marketing, 2018, 82(1): 74-92.

[39] Callahan E S, Dworkin T M, Fort T L, et al. Integrating trends in whistleblowing and corporate governance: Promoting organizational effectiveness, societal responsibility, and employee empowerment. American Business Law Journal, 2002, 40: 177-215.

[40] Cannon J P, Achrol R S, Gundlach G T. Contracts, norms, and plural form governance. Journal of the Academy of Marketing Science, 2000, 28(2): 180-194.

[41] Carson S J, Ghosh M. An integrated power and efficiency model of

contractual channel governance: Theory and empirical evidence. Journal of Marketing, 2019, 83(4): 101-120.

[42] Carter C R. Ethical issues in international buyer-supplier relationships: A dyadic examination. Journal of Operations Management, 2000, 18(2): 191-208.

[43] Caspi A, Roberts B W, Shiner R L. Personalitydevelopment: Stability and change. Annual Review of Psychology, 2005, 56: 453-484.

[44] Cassematis P G, Wortley R. Prediction of whistleblowing or non-reporting observation: The role of personal and situational factors. Journal of Business Ethics, 2013, 117(3): 615-634.

[45] Cheng J, Bai H, Yang X. Ethical leadership and internal whistleblowing: A mediated moderation model. Journal of Business Ethics, 2019, 155(1): 115-130.

[46] Cheung M S, Myers M B, Mentzer J T. The value of relational learning in global buyer-supplier exchanges: A dyadic perspective and test of the pie-sharing premise. Strategic Management Journal, 2011, 32(10): 1061-1082.

[47] Chordiya R, Sabharwal M, Relly J E, et al. Organizational protection for whistleblowers: A cross-national study. Public Management Review, 2020, 22(4): 527-552.

[48] Chun J S, Shin Y, Choi J N, et al. How does corporate ethics contribute to firm financial performance? The mediating role of collective organizational commitment and organizational citizenship behavior. Journal of Management, 2013, 39(4): 853-877.

[49] Chung J E, Jin B. In - group preference as opportunism governance in a collectivist culture: Evidence from Korean retail buyer - supplier relationships. Journal of Business & Industrial Marketing, 2011, 26(4): 237-249.

［50］Clough D R，Piezunka H. Tie dissolution in market networks：A theory of vicarious performance feedback. Administrative Science Quarterly，2020，65(4)：972-1017.

［51］Colm L，Ordanini A，Bornemann T. Dynamic governance matching in solution development. Journal of Marketing，2020，84(1)：105-124.

［52］Connelly B L，Certo S T，Ireland R D，et al. Signaling theory：A review and assessment. Journal of Management，2011，37(1)：39-67.

［53］Contu A. Rationality and relationality in the process of whistleblowing：Recasting whistleblowing through readings of antigone. Journal of Management Inquiry，2014，23：393-406.

［54］Crosno J L，Dahlstrom R. Ameta-analytic review of opportunism in exchange relationships. Journal of the Academy of Marketing Science，2008，36(2)：191-201.

［55］Culiberg B，Mihelič K K. The evolution of whistleblowing studies：A critical review and research agenda. Journal of Business Ethics，2017，146(4)：787-803.

［56］Currall S C，Judge T A. Measuring trust between organizational boundary role persons. Organizational behavior and Human Decision processes，1995，64(2)：151-170.

［57］Curtis M B，Robertson J C，Cockrell R C，et al. Peer ostracism as a sanction against wrongdoers and whistleblowers. Journal of Business Ethics，2020：1-22.

［58］Dalton D，Radtke R R. The joint effects of Machiavellianism and ethical environment on whistle-blowing. Journal of Business Ethics，2013，117(1)：153-172.

［59］Deeds D L，Charles W L. An examination of opportunistic action within research alliances：Evidence from the biotechnology industry. Journal of Business Venturing, 1998, 14(2): 141-63.

[60] Diamond W D, Kashyap R K. Extending models of prosocial behavior to explain university alumni contributions. Journal of Applied Social Psychology, 1997, 27(10): 915-928.

[61] Doney P M, Cannon J P. An examination of the nature of trust in buyer-seller relationships. Journal of Marketing, 1997, 61(2): 35-51.

[62] Dong M C, Zeng F, Su C. Network embeddedness as a dependence-balancing mechanism in developing markets: Differential effects for channel partners with asymmetric dependencies. Journal of the Academy of Marketing Science, 2019, 47(6): 1064-1084.

[63] Dozier J B, Miceli M P. Potential predictors of whistle-blowing: A prosocial behavior perspective. Academy of Management Review, 1985, 10(4): 823-836.

[64] Dwyer F R, Schurr P H, Oh S. Developing buyer-seller relationships. Journal of Marketing, 1987, 51(2): 11-27.

[65] Dyer J H, Chu W. The role of trustworthiness in reducing transaction costs and improving performance: Empirical evidence from the United States, Japan, and Korea. Organization Science, 2003, 14: 57-68.

[66] Eisenberg N. Altruistic Emotion, Cognition and Behavior. New Jersey: Lawrence Erlbaum Associates, 1986.

[67] Eisenberg N, Mussen P H. The Roots of Prosocial Behavior in Children. New York: Cambridge University Press, 1989.

[68] Eisenhardt K M. Building theories from case study research. Academy of Management Review, 1989, 14(4): 532-550.

[69] Emerson R M. Power-dependence relations. American Sociological Review, 1962, 27: 31-41.

[70] Epstein S. The stability of behavior: On predicting most of the peo-

ple much of the time. Journal of Personality & Social Psychology, 1979, 37(7): 1097-1126.

[71] Esper T L, Bradley R V, Thomas R, et al. Supply chain citizenship: Investigating the antecedents of customer interorganizational citizenship behaviors. Journal of Business Logistics, 2015, 36(4): 306-320.

[72] Fang E, Palmatier R W, Scheer L K, et al. Trust at different organizational levels. Journal of Marketing, 2008, 72(2): 80-98.

[73] Feldman J M, Lynch J G. Self-generated validity and other effects of measurement on belief, attitude, intention, and behavior. Journal of Applied Psychology, 1988, 73(3): 421-435.

[74] Ganesan S. Determinants of long-term orientation in buyer-seller relationships. Journal of Marketing, 1994, 58(2): 1-19.

[75] Gao J, Greenberg R, Wong-On-Wing B. Whistleblowing intentions of lower-level employees: The effect of reporting channel, bystanders, and wrongdoer power status. Journal of Business Ethics, 2015, 126(1): 85-99.

[76] Gassenheimer J B, Houston F S, Davis J C. The role of economic value, social value, and perceptions of fairness in interorganizational relationship retention decisions. Journal of the Academy of Marketing Science, 1998, 26(4): 322-337.

[77] Gerbing D W, Anderson J C. An updated paradigm for scale development incorporating unidimensionality and its assessment. Journal of Marketing Research, 1988, 25(2): 186-192.

[78] Geyskens I, Steenkamp J-B E M, Kumar N. Make, buy, or ally: A transaction cost theory meta-analysis. Academy of Management Journal, 2006, 49(3): 519-543.

[79] Ghoshal S, Moran P. Bad for practice: A critique of the transaction cost theory. The Academy of Management Review, 1996, 21

(1): 13-47.

[80] Gilliland D I, Bello D C. Channel incentives as unilateral and bilateral governance processes. Journal of Marketing Channels, 2001, 8(1-2): 5-31.

[81] Gilliland D I, Bello D C, Gundlach G T. Control-based channel governance and relative dependence. Journal of the Academy of Marketing Science, 2010, 38: 441-455.

[92] Gilliland D I, Kim S K. When do incentives work in channels of distribution? Journal of the Academy of Marketing Science, 2014, 42(4): 361-379.

[83] Greenberger D B, Miceli M P, Cohen D. Oppositionists and group norms: The reciprocal influence of whistle-blowers and co-workers. Journal of Business Ethics, 1987, 6: 527-542.

[84] Griffith D A, Hoppner J J, Lee H S, et al. The influence of the structure of interdependence on the response to inequity in buyer-supplier relationships. Journal of Marketing Research, 2017, 54 (1): 124-137.

[85] Grover V, Malhotra M K. Transaction cost framework in operations and supply chain management research: Theory and measurement. Journal of Operations Management, 2003, 21(4): 457-473.

[86] Gu F F, Hung K, Tse D K. When does guanxi matter? Issues of capitalization and its dark sides. Journal of Marketing, 2008, 72 (4): 12-28.

[87] Gundlach G T, Cannon J P. "Trust but verify"? The performance implications of verification strategies in trusting relationships. Journal of the Academy of Marketing Science, 2010, 38(4): 399-417.

[88] Gundlach M J, Martinko D M J. The decision to blow the whistle: A social information processing framework. Academy of Manage-

ment Review，2003，28(1)：107-123.

[89] Heide J B, John G. Do norms matter in marketing relationships? Journal of Marketing，1992，56(2)：32-44.

[90] Heide J B, John G. The role of dependence balancing in safeguarding transaction-specific assets in conventional channels. Journal of Marketing，1988，52(1)：20-35.

[91] Heide J B, Wathne K H, Rokkan A I. Interfirm monitoring, social contracts, and relationship outcomes. Journal of Marketing Research，2007，44(3)：425-433.

[92] Homans G C. Social behavior：Its elementary forms. New York：Harcourt Brace，1961.

[93] Homburg C, Vomberg A, Muehlhaeuser S. Design and governance of multichannel sales systems：Financial performance consequences in business-to-business markets. Journal of Marketing Research，2020，57(6)：1113-1134.

[94] Hoppner J J, Griffith D A. The role of reciprocity in clarifying the performance payoff of relational behavior. Journal of Marketing Research，2011，48(5)：920-928.

[95] Hu Q, Chan G, Zhang G, et al. Thejoint-liability mechanism：Controlling opportunism through peer monitoring among Chinese supplier groups. Journal of Business & Industrial Marketing，2016，31(5)：640-653.

[96] Jap S D. Pie-expansion efforts：Collaboration processes in buyer-supplier relationships. Journal of Marketing Research，1999，36(4)：461-475.

[97] Jap S D, Anderson E. Safeguarding interorganizational performance and continuity under ex post opportunism. Management Science，2003，49(12)：1684-1701.

[98] Jap S D, Ganesan S. Control mechanisms and the relationship life

cycle: Implications for safeguarding specific investments and developing commitment. Journal of Marketing Research, 2000, 37(2): 227-245.

[99] Jia Y, Wang T, Xiao K, et al. How to reduce opportunism through contractual governance in the cross-cultural supply chain context: Evidence from Chinese exporters. Industrial Marketing Management, 2020, 91: 323-337.

[100]Johansson E, Carey P. Detecting fraud: The role of the anonymous reporting channel. Journal of Business Ethics, 2016, 139 (2): 391-409.

[101]Joshi A W, Stump R L. The contingent effect of specific asset investments on joint action in manufacturer-supplier relationships: An empirical test of the moderating role of reciprocal asset investments, uncertainty, and trust. Journal of the Academy of Marketing Science, 1999, 27(3): 291.

[102]Kaplan S, Pany K, Samuels J, et al. An examination of the association between gender and reporting intentions for fraudulent financial reporting. Journal of Business Ethics, 2009, 87(1): 15-30.

[103]Kaplan S, Pany K, Samuels J, et al. An examination of anonymous and non-anonymous fraud reporting channels. Advances in Accounting, 2012, 28: 88-95.

[104]Kashyap V, Antia K D, Frazier G L. Contracts, extracontractual incentives, and ex post behavior in franchise channel relationships. Journal of Marketing Research, 2012, 49(2): 260-276.

[105]Kashyap V, Murtha B R. The joint effects of ex ante contractual completeness and ex post governance on compliance in franchised marketing channels. Journal of Marketing, 2017, 81(3): 130-153.

[106]Kashyap V, Sivadas E. An exploratory examination of shared values in channel relationships. Journal of Business Research, 2012,

65(5): 586-593.

[107]Kenny K, Bushnell A. How to whistle-blow: Dissensus and demand. Journal of Business Ethics, 2020, 164: 643-656.

[108]Kidwell Jr R E, Mossholder K W, Bennett N. Cohesiveness and organizational citizenship behavior: A multilevel analysis using work groups and individuals. Journal of Management, 1997, 23 (6): 775-793.

[109]Kim S K, Hibbard J D, Swain S D. Commitment in marketing channels: Mitigator or aggravator of the effects of destructive acts? Journal of Retailing, 2011, 87(4): 521-539.

[110]Kim S K, Lee Y. Making channel incentives work: A discriminating match framework. Industrial Marketing Management, 2017, 65: 1-14.

[111]Klein S, Frazier G L, Roth V J. A transaction cost analysis model of channel integration in international markets. Journal of Marketing Research, 1990, 27(2): 196-208.

[112]Krishnan R, Geyskens I, Steenkamp J B E M. The effectiveness of contractual and trust - based governance in strategic alliances under behavioral and environmental uncertainty. Strategic Management Journal, 2016, 37(12): 2521-2542.

[113]Kumar A, Heide J B, Wathne K H. Performance implications of mismatched governance regimes across external and internal relationships. Journal of Marketing, 2011, 75(2): 1-17.

[114]Kumar N, Scheer L K, Steenkamp J B E M. The effects of perceived interdependence on distributor attitudes. Journal of Marketing Research, 1995, 32(3): 348-356.

[115]Lado A A, Dant R R, Tekleab A G. Trust - opportunism paradox, relationalism, and performance in interfirm relationships: Evidence from the retail industry. Strategic Management Journal,

2008, 29(4): 401-423.

[116]Latan H, Jabbour C J C, De Sousa Jabbour A B L. "Whistleblowing triangle": Framework and empirical evidence. Journal of Business Ethics, 2019, 160(1): 189-204.

[117]Latan H, Jabbour C J C, Jabbour A B L D S. Social Media as a Form of Virtual Whistleblowing: Empirical Evidence for Elements of the Diamond Model. Journal of Business Ethics, 2020.

[118]Latan H, Ringle C M, Jabbour C J C. Whistleblowing intentions among public accountants in indonesia: Testing for the moderation effects[J]. Journal of Business Ethics, 2018, 152(2): 573-588.

[119]Lee H S, Griffith D A. Social comparison in retailer-supplier relationships: Referent discrepancy effects. Journal of Marketing, 2019, 83(2): 120-137.

[120]Lee Y K, Kim S, Kim M S, et al. Relational bonding strategies in the franchise industry: The moderating role of duration of the relationship. Journal of Business & Industrial Marketing, 2015, 30(7): 830-841.

[121]Le Pine J A, Erez A, Johnson D E. The nature and dimensionality of organizational citizenship behavior: A critical review and meta-analysis. Journal of Applied Psychology, 2002, 87(1): 52.

[122]Li L Y. Encouraging extra-role behavior in a channel context: The role of economic-, social-, and justice- based sharedness mechanisms. Industrial Marketing Management, 2010, 39(2): 195-201.

[123]Lindell M K, Whitney D J. Accounting for common method variance in cross-sectional research designs. Journal of Applied Psychology, 2001, 86(1), 114-121.

[124]Liu S, Liao J, Wei H. Authentic leadership and whistleblowing: Mediating roles of psychological safety and personal identification. Journal of Business Ethics, 2015, 131(1): 107-119.

[125]Liu Y，Luo Y，Liu T. Governing buyer-supplier relationships through transactional and relational mechanisms: Evidence from China. Journal of Operations Management，2009，27（4）：294-309.

[126]Lowe D J，Pope K R，Samuels J A. An examination of financial sub-certification and timing of fraud discovery on employee whistleblowing reporting intentions. Journal of Business Ethics，2015，131(4)：757-772.

[127]Lumineau F，Henderson J E. The influence of relational experience and contractual governance on the negotiation strategy in buyer-supplier disputes. Journal of Operations Management，2012，30（5）：382-395.

[128]Lumineau F，Malhotra D. Shadow of the contract: How contract structure shapes interfirm dispute resolution. Strategic Management Journal，2011，32(5)：532-555.

[129]Lumineau F，Oliveira N. A pluralistic perspective to overcome major blind spots in research on interorganizational relationships. Academy of Management Annals，2018，12(1)：440-465.

[130]Lumineau F，Oliveira N. Reinvigorating the study of opportunism in supply chain management. Journal of Supply Chain Management，2020，56(1)：73-87.

[131]Luo Y. Guanxi: Principles，philosophies，and implications. Human Systems Management，1997，16：43-52.

[132]Lusch R F，Brown J R. Interdependency，contracting，and relational behavior in marketing channels. Journal of Marketing，1996，60(4)：19-38.

[133]MacNab B R，Worthley R. Self-efficacy as an intrapersonal predictor for internal whistleblowing: A US and Canada examination. Journal of Business Ethics，2008，79(4)：407-421.

[134]Malhotra D, Lumineau F. Trust and collaboration in the aftermath of conflict: The effects of contract structure. Academy of Management Journal, 2011, 54(5): 981-998.

[135]Mayer D M, Nurmohamed S, Treviño L K, et al. Encouraging employees to report unethical conduct internally: It takes a village. Organizational Behavior and Human Decision Processes, 2013, 121 (1): 89-103.

[136]McEvily B, Perrone V, Zaheer A. Trust as an Organizing Principle. Organization Science, 2003, 14(1): 91-103.

[137]McEvily B, Zaheer A, Kamal D K F. Mutual and exclusive: Dyadic sources of trust in interorganizational exchange. Organization Science, 2017, 28(1): 74-92.

[138]Mesmer-Magnus J R, Viswesvaran C. Whistleblowing in organizations: An examination of correlates of whistleblowing intentions, actions, and retaliation. Journal of Business Ethics, 2005, 62(3): 277-297.

[139]Miceli M P, Dozier J B, Near J P. Blowing the whistle on data fudging: A controlled field experiment. Journal of Applied Social Psychology, 1991, 21(4): 271-295.

[140]Miceli M P, Near J P. The relationships among beliefs, organizational position, and whistle-blowing status: A discriminant analysis. Academy of Management Journal, 1984, 27(4): 687-705.

[141]Miceli M P, Near J P. Characteristics of organizational climate and perceived wrongdoing associated with whistle-blowing decisions. Personnel Psychology, 1985, 38(3): 525-544.

[142]Miceli M P, Near J P, Dworkin T M. A word to the wise: How managers and policy-makers can encourage employees to report wrongdoing. Journal of Business Ethics, 2009, 86(3): 379-396.

[143]Miceli M P, Van Scotter J R, Near J P, et al. Individual Differ-

ences and Whistle-Blowing//Academy of Management Proceedings. New York: Briarcliff Manor, 2001.

[144]Miles M B, Huberman A M. Qualitative data analysis: An expanded sourcebook. Sage, 1994, 60(100): 105-138.

[145]Miller J D, Lynam D R. Structural models of personality and their relation to antisocial behavior. Criminology, 2001, 39: 765-792.

[146]Mooi E A, Ghosh M. Contract specificity and its performance implications. Journal of Marketing, 2010, 74(2): 105-120.

[147]Morgan R M, Hunt S D. The commitment-trust theory of relationship marketing. Journal of Marketing, 1994, 58(3): 20-38.

[148]Mungra Y, Yadav P K. The mediating effect of satisfaction on trust-commitment and relational outcomes in manufacturer-supplier relationship. Journal of Business & Industrial Marketing, 2019, 34(20): 219-230.

[149]Murry Jr J P, Heide J B. Managing promotion program participation within manufacturer-retailer relationships. Journal of Marketing, 1998, 62(1): 58-68.

[150]Nahum-Shani I, Somech A. Leadership, OCB and individual differences: Idiocentrism and allocentrism as moderators of the relationship between transformational and transactional leadership and OCB. The Leadership Quarterly, 2011, 22(2): 353-366.

[151]Near J P, Dworkin T M, Miceli M P. Explaining the whistle-blowing process: Suggestions from power theory and justice theory. Organization Science, 1993, 4(3): 393-411.

[152]Near J P, Miceli M P. Whistle-blowing: Myth and reality. Journal of Management, 1996, 22(3): 507-526.

[153]Noordewier T G, John G, Nevin J R. Performance outcomes of purchasing arrangements in industrial buyer-vendor relationships. Journal of Marketing, 1990, 54(4): 80-93.

[154]Noordhoff C S, Kyriakopoulos K, Moorman C, et al. The bright side and dark side of embedded ties in business-to-business innovation. Journal of Marketing, 2011, 75(5): 34-52.

[155]Organ D W. Organizational citizenship behavior: The good soldier syndrome. Lexington: Lexington Books, 1988.

[156]Organ D W. The motivational basis of organizational citizenship behavior. Research in Organizational Behavior, 1990, 12: 43-72.

[157]Palmatier R W, Dant R P, Grewal D. A comparative longitudinal analysis of theoretical perspectives of interorganizational relationship performance. Journal of Marketing, 2007, 71(4): 172-194.

[158]Palmatier R W, Dand R P, Grewal D, et al. Factors influencing the effectiveness of relationship marketing: A meta-analysis. Journal of Marketing, 2006, 70(4): 136-153.

[159]Palmatier R W, Jarvis C B, Bechkoff J R, et al. The role of customer gratitude in relationship marketing. Journal of Marketing, 2009, 73(5): 1-18.

[160]Park H, Blenkinsopp J, Oktem M K, et al. Cultural orientation and attitudes toward different forms of whistleblowing: A comparison of South Korea, Turkey, and The U. K. Journal of Business Ethics, 2008, 82(4): 929-939.

[161]Park H, Rehg M T, Lee D. The influence of Confucian ethics and collectivism on whistleblowing intentions: A study of South Korean public employees. Journal of Business Ethics, 2005, 58(4): 387-403.

[162]Park H, Vandekerckhove W, Joowon Jeong J L. Laddered motivations of external whistleblowers: The truth about attributes, consequences, and values. Journal of Business Ethics, 2020, 165(4): 565-578.

[163]Pillay S, Reddy P S, Morgan D. Institutional isomorphism and

whistle-blowing intentions in public sector institutions. Public Management Review, 2017, 19(4): 423-442.

[164]Podsakoff P M, MacKenzie S B, Paine J B, et al. Organizational citizenship behaviors: A critical review of the theoretical and empirical literature and suggestions for future research. Journal of management, 2000, 26(3): 513-563.

[165]Podsakoff P M, MacKenzie S B, Lee J Y, et al. Common method biases in behavioral research: A critical review of the literature and recommended remedies. Journal of Applied Psychology, 2003, 88 (5): 879-903.

[166]Ponemon L A. Whistle-blowing as an internal control mechanism-individual and organizational considerations. Auditing-A Journal of Practice & Theory, 1994, 13(2): 118-130.

[167]Poppo L, Zenger T. Do formal contracts and relational governance function as substitutes or complements? Strategic Management Journal, 2002, 23(8): 707-725.

[168]Poppo L, Zhou K Z. Managing contracts for fairness in buyer-supplier exchanges. Strategic Management Journal, 2014, 35(10): 1508-1527.

[169]Poppo L, Zhou K Z, Li J J. When can you trust "trust"? Calculative trust, relational trust, and supplier performance. Strategic Management Journal, 2016, 37(4): 724-741.

[170]Poppo L, Zhou K Z, Zenger T R. Examining the conditional limits of relational governance: Specialized assets, performance ambiguity, and long-standing ties. Journal of Management Studies, 2008, 45(7): 1195-1216.

[171]Rehg M T, Miceli M P, Near J P, et al. Antecedents and outcomes of retaliation against whistleblowers: Gender differences and power relationships. Organization Science, 2008, 19(2): 221-240.

[172]Reynolds S K, Clark L A. Predicting dimensions of personality disorder from domains and facets of the five factor model. Journal of Personality, 2010, 69(2): 199-222.

[173]Rindfleisch A, Heide J B. Transaction cost analysis: Past, present, and future applications. Journal of Marketing, 1997, 61(4): 30-54.

[174]Ring P S, Van de Ven A H. Developmental processes of cooperative interorganizational relationships. Academy of Management Review, 1994, 19(1): 90-118.

[175]Robinson S N, Robertson J C, Curtis M B. The effects of contextual and wrongdoing attributes on organizational employees' whistleblowing intentions following fraud. Journal of Business Ethics, 2012, 106(2): 213-227.

[176]Rokkan A I, Heide J B, Wathne K H. Specific investments in marketing relationships: Expropriation and bonding effects. Journal of Marketing Research, 2003, 40(2), 210-224.

[177]Rose J M, Brink A G, Norman C S. The effects of compensation structures and monetary rewards on managers' decisions to blow the whistle. Journal of Business Ethics, 2018, 150(3): 1-10.

[178]Rousseau D M, Sitkin S B, Burt R S, et al. Not so different after all: A cross-discipline view of trust. Academy of Management Review, 1998, 23(3): 393-404.

[179]Ryu S. The effect of external and internal environments on interfirm governance. Journal of Business-to-Business Marketing, 2006, 13(2): 67-90.

[180]Scheer L K, Miao C F, Palmatier R W. Dependence and interdependence in marketing relationships. Journal of the Academy of Marketing Science, 2015, 43(6): 694-712.

[181]Schepker D J, Oh W Y, Martynov A, et al. The many futures of

contracts: Moving beyond structure and safeguarding to coordination and adaptation. Journal of Management, 2014, 40(1): 123-225.

[182]Scheer L K, Miao C F, Palmatier R W. Dependence and interdependence in marketing relationships: Meta-analytic insights. Journal of the Academy of Marketing Science, 2015, 43(6): 694-712.

[183]Schilke O, Lumineau F. The double-edged effect of contracts on alliance performance. Journal of Management, 2018, 44(7): 2827-2858.

[184]Seggie S H, Griffith D A, Jap S D. Passive and active opportunism in interorganizational exchange. Journal of Marketing, 2013, 77(6): 73-90.

[185]Seifert D L, Sweeney J T, Joireman J, et al. The influence of organizational justice on accountant whistleblowing. Accounting Organizations & Society, 2010, 35(7): 707-717.

[186]Shen L, Zhang C, Teng W. The double-edged effects of guanxi on partner opportunism. Journal of Business & Industrial Marketing, 2019, 34(6): 1313-1322.

[187]Shen L, Zhou K Z, Zhang C. Is interpersonal guanxi beneficial in fostering interfirm trust? The contingent effect of institutional-and individual-level characteristics. Journal of Business Ethics, 2020: 1-18.

[188]Sheng S, Zhou K Z, Li J J. The effects of business and political ties on firm performance: Evidence from China. Journal of Marketing, 2011, 75(1): 1-15.

[189]Sheng S, Zhou K Z, Li J J, et al. Institutions and opportunism in buyer-supplier exchanges: The moderated mediating effects of contractual and relational governance. Journal of the Academy of Marketing Science, 2018, 46(6): 1014-1031.

［190］Shervani T A, Frazier G, Challagalla G. The moderating influence of firm market power on the transaction cost economics model: An empirical test in a forward channel integration context. Strategic Management Journal, 2007, 28(6): 635-652.

［191］Shin Y. CEO ethical leadership, ethical climate, climate strength, and collective organizational citizenship behavior. Journal of Business Ethics, 2012, 108(3): 299-312.

［192］Simpson B, Harrell A, Melamed D, et al. The roots of reciprocity: Gratitude and reputation in generalized exchange systems. American Sociological Review, 2018, 83(1): 88-110.

［193］Sims R L, Keenan J P. Predictors of external whistleblowing: Organizational and intrapersonal variables. Journal of Business Ethics, 1998, 17: 411-421.

［194］Spoelma T M, Chawla N, Ellis A P J. If you can't join them, report them: A model of ostracism and whistleblowing in teams. Journal of Business Ethics, 2020.

［195］Sprott D, Czellar S, Spangenberg E. The importance of a general measure of brand engagement on market behavior: Development and validation of a scale. Journal of Marketing Research, 2009, 46(1): 92-104.

［196］Stern L W, Reve T. Distribution channels as political economies: A framework for comparative analysis. Journal of Marketing, 1980, 44(3): 52-64.

［197］Steward M D, Narus J A, Roehm M L. An exploratory study of business-to-business online customer reviews: External online professional communities and internal vendor scorecards. Journal of the Academy of Marketing Science, 2018, 46(2): 173-189.

［198］Tangpong C, Hung K T, Ro Y K. The interaction effect of relational norms and agent cooperativeness on opportunism in buyer-supplier relationships [J]. Journal of Operations Management, 2010, 28(5): 398-414.

[199]Taylor E, Curtis M. An examination of the layers of workplace infuences in ethical judgments: Whistleblowing likelihood and perseverance in public accounting. Journal of Business Ethics, 2010, 93 (1): 21--37.

[200]Tosi H L, Katz J P, Gomez-Mejia L R. Disaggregating the agency contract: The effects of monitoring, incentive alignment, and term in office on agent decision making. Academy of Management Journal, 1997, 40(3): 584-602.

[201]Trevino L K, Victor B. Peer reporting of unethical behavior: A social context perspective. Academy of Management Journal, 1992, 135(1): 38-64.

[202]Trevino L K, Weaver G R, Reynolds S J. Behavioral ethics in organizations: A review. Journal of Management, 2006, 32(6): 951-990.

[203]Turnipseed D. Organization citizenship behaviour: An examination of the influence of the workplace. Leadership & Organization Development Journal, 1996, 17(2): 42-47.

[204]Tversky A, Kahneman D. The framing of decisions and the psychology of choice. Science, 1981, 211: 453-458.

[205]Van Dyne L, Graham J W, Dienesch R M. Organizational citizenship behavior: Construct redefinition, measurement, and validation. Academy of management Journal, 1994, 37(4): 765-802.

[206]Van Dyne L, LePine J A. Helping and voice extra-role behaviors: Evidence of construct and predictive validity. Academy of Management Journal, 1998, 41(1): 108-119.

[207]Villena V H, Choi T Y, Revilla E. Revisiting interorganizational trust: Is more always better or could more be worse? Journal of

Management，2019，45(2)：752-785.

[208]Vinten G. Asset protection through whistleblowing. Journal of Financial Crime，1994，2(2)：121-131.

[209]Vries J，Schepers J，Weele A，et al. When do they care to share? How manufacturers make contracted service partners share knowledge. Industrial Marketing Management，2014，43（7），1225-1235.

[210]Wagner S M，Bode C. Supplier relationship-specific investments and the role of safeguards for supplier innovation sharing. Journal of Operations Management，2014，32(3)，65-78.

[211]Wang Y，Chen Y，Fu Y，et al. Do prior interactions breed cooperation in construction projects? The mediating role of contracts. International Journal of Project Management，2017，35（4）：633-646.

[212]Wang D T，Gu F，Dong M C. Observer effects of punishment in a distribution network. Journal of Marketing Research，2013，50(5)：627-643.

[213]Wang M，Zhang Q，Wang Y，et al. Governing local supplier opportunism in China：Moderating role of institutional forces. Journal of Operations Management 2016，46(9)：84-94.

[214]Wathne K H，Heide J B. Opportunism in interfirm relationships：Forms，outcomes，and solutions. Journal of Marketing，2000，64(4)：36-51.

[215]Wathne K H，Heide J B，Mooi E A，et al. Relationship governance dynamics：The roles of partner selection efforts and mutual investments. Journal of Marketing Research，2018，55(5)：704-721.

[216]Watts L L，Buckley M R. A dual-processing model of moral whistleblowing in organizations. Journal of Business Ethics，2017，146

(3): 669-683.

[217]Weiskopf R, Tobias-Miersch Y. Whistleblowing, parrhesia and the contestation of truth in the workplace. Organization Studies, 2016, 37(11): 1621-1640.

[218]Williamson O E. The economic institutions of capitalism: Firms, markets, relational contracting. London: Free Press, 1985.

[219]Williamson O E. Comparative economic organization: The analysis of discrete structural alternatives. Administrative Science Quarterly, 1991, 36: 269-296.

[220]Wuyts S. Extra-role behavior in buyer-supplier relationships. International Journal of Research in Marketing, 2007, 24(4): 301-311.

[221]Wuyts S, Geyskens I. The formation of buyer-supplier relationships: Detailed contract drafting and close partner selection. Journal of Marketing, 2005, 69(10): 103-17.

[222]Yin R K. Case study research: Design and methods. 3ed. Thousand Oaks: Sage Publication, 2003.

[223]Zaheer A, McEvily B, Perrone V. Does trust matter? Exploring the effects of interorganizational and interpersonal trust on performance. Organization Science, 1998, 9: 141-159.

[224]Zaheer A, Venkatraman N. Relational governance as an interorganizational strategy: An empirical test of the role of trust in economic exchange. Strategic Management Journal, 1995, 16(5): 373-392.

[225]Zahn-Waxler C, Smith K D. The development of prosocial behavior//Handbook of social development. Boston: Springer, 1992.

[226]Zhang J, Chiu R, Wei L. Decision-making process of internal whistleblowing behavior in China: Empirical evidence and implications. Journal of Business Ethics, 2009, 88(1): 25-41.

［227］Zhang J Z，Watson Iv G F，Palmatier R W，et al. Dynamic relationship marketing. Journal of Marketing，2016，80(5)：53-75.

［228］Zheng X V，Li X，Ren X，et al. Enhancing compliance among channel members by modeling reward events：Matching motivation and ability with model selection. Journal of the Academy of Marketing Science，2020，48(2)：331-349.

［229］Zheng X，Griffith D A，Ge L，et al. Effects of contract ambiguity in interorganizational governance. Journal of Marketing，2020，84(4)：147-167.

［230］Zhong W，Su C，Peng J，et al. Trust in interorganizational relationships：A meta-analytic integration. Journal of Management，2017，43(4)：1050-1075.

［231］Zhou K，Gao G，Zhao H. State ownership and product innovation in China：An integrated view of institutional and efficiency logics. Administrative Science Quarterly，2017，62(2)：375-404.

［232］Zhuang G，Herndon N C，Zhou N. Deterrence or conflict spiral effect? Exercise of coercive power in marketing channels：Evidence from China. Journal of Business-to-Business Marketing，2014，21(3)：187-207.

附录 营销渠道管理调查问卷

>>>

尊敬的先生\女士:您好!

这是一份纯学术性调查问卷,所得资料只用于学术研究,且对于贵公司所提供的资料将绝对保密。本问卷中的答案没有对错之分,反映真实情况对本次调查结果的质量非常重要,请您按照真实情况来填写。请仔细阅读每个问题并做出回答,即使您对某个问题没有确切的答案,也请选择最接近您观点的答案。

1.贵公司所在地:_____。

2.贵公司经营的产品包括_____大类,对贵公司贡献最大的产品大类是_____。在此大类中,贵公司经营的品牌数量是_____个。

3.访问员指定的品牌是_____(请填写名称),该品牌制造商属于:

□ 国有企业　　□ 民营(私营)企业　□ 股份制企业

□ 中外合资企业　□ 外商独资企业

□ 其他(请注明):_____

4.该品牌是:

□ 国内品牌　□ 国外品牌

5.该品牌在行业内是:

□ 领导品牌　□ 一般品牌　□ 落后品牌

6.贵公司与该制造商合作年限是_____年。

第一部分：贵公司与该制造商合作情况

请您根据<u>贵公司与该制造商之间的关系</u>，选择您对下列说法的同意程度。（1＝非常不同意；2＝基本不同意；3＝无所谓；4＝基本同意；5＝非常同意）

TR1 制造商值得信任	1　2　3　4　5
TR2 该制造商不会以牺牲我公司利益的方式去谋利	1　2　3　4　5
TR3 当合同条款不甚明确时，我们也会毫不犹豫地跟该制造商进行交易	1　2　3　4　5
TR4 该制造商在与我公司谈判时总是公平无私的	1　2　3　4　5
TR5 根据过去的经验，我们完全相信该制造商会信守承诺	1　2　3　4　5
RD1 在本地区，我公司很难找到其他公司提供与该制造商相同的产品线	1　2　3　4　5
RD2 在本地区，如果找其他公司代替该制造商，会给我公司带来损失	1　2　3　4　5
RD3 在本地区，我们很难找到别的公司，像该制造商一样带给我们这么多销售额和利润	1　2　3　4　5
SD1 在本地区，该制造商很难找到其他公司提供与我们相同的销售服务	1　2　3　4　5
SD2 在本地区，如果该制造商找其他公司代替我们，会给他带来很大的损失	1　2　3　4　5
SD3 在本地区，该制造商很难找到别的公司，像我们一样带给他这么多销售额和利润	1　2　3　4　5
DSI1 如果和该制造商的合作关系结束了，我们会损失很多针对该制造商积累的知识和经验	1　2　3　4　5
DSI2 如果和该制造商的合作关系结束了，我们会损失很多专门针对该合作关系的投入	1　2　3　4　5
DSI3 我们公司投入了很多资源来建立和发展与该制造商的合作关系	1　2　3　4　5
SSI1 如果我们结束和该制造商的合作，他们会损失大量针对我们积累的知识和经验	1　2　3　4　5
SSI2 如果我们结束和该制造商的关系，他们会损失很多专门针对与我们合作关系的投入	1　2　3　4　5
SSI3 该制造商投入了很多资源来建立和发展与我们公司的合作关系	1　2　3　4　5
SM1 该制造商密切地关注我们，以确保我们不会做出伤害他们公司的事情	1　2　3　4　5

（续表）

SM2 在对我们提出某些要求后,该制造商会监督我们的进度	1 2 3 4 5
SM3 该制造商会向其他公司打探我公司的活动,以确保我们没有隐瞒事情	1 2 3 4 5
SM4 在签订合约以外的情形下,该制造商会一一核实我公司所列举的事实	1 2 3 4 5

当贵公司与该制造商的合作出现问题时,选择该制造商做出以下行为的频率。（1＝从不;2＝偶尔;3＝有时候;4＝经常;5＝总是）

SOP1 该制造商做出空洞的承诺	1 2 3 4 5
SOP2 该制造商对我们态度冷淡	1 2 3 4 5
SOP3 该制造商对他们做出的努力言过其实	1 2 3 4 5
SOP4 为解决问题,该制造商让我们承担额外的责任	1 2 3 4 5
SOP5 该制造商不愿意承担责任	1 2 3 4 5
SOP6 该制造商做出错误的指控	1 2 3 4 5
SOP7 该制造商为了自己的利益提供错误的信息	1 2 3 4 5
SOP8 该制造商为了自己的利益有意不告知我们应当注意的事项	1 2 3 4 5

在与该制造商合作的过程中,选择贵公司对下列各项的满意程度。（1＝非常不满意;2＝基本不满意;3＝无所谓;4＝基本满意;5＝非常满意）

RP1 我们与该制造商老板的关系质量	1 2 3 4 5
RP2 我们与该制造商销售经理的关系质量	1 2 3 4 5
RP3 我们公司与该制造商的关系质量	1 2 3 4 5

第二部分:合作过程中,该供应商的奖励或激励情况

请您根据该制造商在合作过程中给予贵公司的激励或奖励情况,选择您对下列说法的同意程度。（1＝非常不同意;2＝基本不同意;3＝无所谓;4＝基本同意;5＝非常同意）

IG1 当我们达到销售目标时,该制造商会给予我们很大的销售奖励	1	2	3	4	5
IG2 这个制造商的销售奖金额度比我们之前从其他制造商那里获得的额度都大	1	2	3	4	5
IG3 这个制造商向我们提供高额佣金	1	2	3	4	5
IG4 这个制造商比其他制造商提供的佣金额度都大	1	2	3	4	5
IG5 与其他制造商相比,该制造商还提供了正常的销售激励以外的额外奖励	1	2	3	4	5
II1 在进行奖励的时候,该制造商会立即付款给我们	1	2	3	4	5
II2 该制造商及时向我们支付佣金和奖金	1	2	3	4	5
II3 如果该制造商承诺支付奖励,他们马上就会兑现	1	2	3	4	5
II4 该制造商总是在他承诺付款的日期之前向我们打款	1	2	3	4	5

第三部分：该制造商的经销商群体的情况

在贵公司与该制造商合作的过程中,是否有经销商因违法、违规或不道德的错误行为(如窜货、私自降价、恶性竞争等)被其他经销商投诉＿＿(是/否),如果您观察到其他经销商的错误行为(如窜货、私自降价、恶性竞争等),您或贵公司会倾向于怎么做?(1＝完全不符合;2＝不符合;3＝一般;4＝符合;5＝完全符合)

WB1 直接向制造商的销售经理等边界人员投诉此事	1	2	3	4	5
WB2 直接向制造商的高层管理人员投诉此事	1	2	3	4	5
WB3 根据制造商的官方报告渠道(如专门的客服部门等)进行投诉	1	2	3	4	5

第四部分：贵公司的特征

请根据贵公司的真实情况,选择您对下列说法的同意程度。(1＝非常不同意;2＝基本不同意;3＝无所谓;4＝基本同意;5＝非常同意)。

MU1 很难对我们产品市场环境的变化趋势进行预测	1 2 3 4 5
MU2 很难对我们产品的销售做出准确预测	1 2 3 4 5
MU3 我们产品所在市场的变化很难预料	1 2 3 4 5
R1 我公司总是将各项工作规划得井井有条	1 2 3 4 5
R2 我公司会自己组织员工培训,有利于员工工作和企业发展	1 2 3 4 5
R3 我们老板总是主动关心企业发展的大小事情并积极采取对策	1 2 3 4 5
R4 我们老板会主动参加分销商之间的联盟活动	1 2 3 4 5
R5 我公司会积极制定相关策略(比如营销策略、管理策略),争取实现更好的市场业绩	1 2 3 4 5
R6 我们老板会就各种问题和员工及时沟通	1 2 3 4 5

最后,请您根据您自身或贵公司的实际情况填写下列问题。

1.贵公司所销售产品的技术复杂程度:

☐ 非常简单　☐ 比较简单　☐ 一般　☐ 比较复杂　☐ 非常复杂

2.贵公司所在行业的市场竞争状况:

☐ 竞争非常激烈　☐ 竞争比较激烈　☐ 不好说

☐ 竞争比较不激烈　☐ 竞争非常不激烈

3.贵公司的所有制性质:

☐ 国有企业　☐ 私营企业　☐ 集体企业　☐ 股份制企业

☐ 外资企业　☐ 其他

4.您已在贵公司工作＿＿＿＿＿＿＿年,您已在本行业工作＿＿＿＿＿＿＿年。

您的职务:＿＿＿＿＿＿＿＿＿＿＿＿＿＿。

5.贵公司大概有多少员工? ＿＿＿＿＿＿＿＿;贵公司上一年度大概

的年销售收入是 ＿＿＿＿＿＿＿＿万元。

6.您对本问卷所涉及内容的了解程度:

☐ 非常不了解　☐ 比较不了解　☐ 一般

☐ 比较了解　☐ 非常了解

后　记

"逝者如斯夫,不舍昼夜。"

我在博士毕业论文的基础上撰写了本书。本书的出版为我的硕博连读生涯画上圆满的句号。

五载光景恍一日,仿佛间我的博士项目从一个小想法发展到如今的书稿。我与"揭发"最初相遇于组织行为领域研究,相识于与完达山乳业各区销售经理的访谈,而后通过不断的理论学习、数据收集和假设验证,与其相知相伴,并有幸在此期间发表了两篇以揭发为主题的中文论文,积累了几篇待发研究。十年东财学习转瞬间,眼见中心食堂拔地起,新入学的学弟学妹已是"00 后",而我也成为"大师姐"和"老学姐"。不变的,是图书馆里埋头奋斗的面庞,穿梭于校园中行色匆匆的人群,还有盛夏傍晚尤其热闹的篮球场。

韶光飞逝,这十年承载了我的青春,见证了我的喜悲苦乐,分合了爱情,亲密了友情,升华了恩情。毕业论文完成之际,宣示着离别的来临,忆旧事,感慨万端。

"谆谆如父者,殷殷似友亲。寄望后来者,成功报师尊。"

最感谢我的导师张闯教授。何德何能,遇此良师,传道解惑,亦师如父。在专业上,导师于我有指导之恩。从交易成本理论到 SPSS 回归分析,从揭发行为的测量到理论贡献的书写,从校内的组会到校外的学术论坛,从前沿研究的探索到时下热点的分享,在导师的不断指导和引领下,我的科研能力得到大幅提升,开始自主研习理论,探索新的数据分析方法,跟进前沿热点。在立身处世上,导师于我有模范之恩。我的导师是一位真实的"时间管理大师",很难想象他如何在我完成一篇小论文的时间内同时参与多项研究的设计、多位同学的论文修改与作业批改工作,同时还能利用碎片化的时间阅读书籍,这大概归功于他超高的责任心与自律能力。在导师的言传身教下,我越发找到了自己想要成为的模样,并为之努力。在生活上,导师于我有帮扶之恩。在生活遭遇打击陷入谷底之际,是导师伸以援手、给予关怀,不胜感激。

"吾道不孤,必有邻。"

非常感谢我的海外导师盛仕斌教授,合作者沈璐老师,是你们帮助我在科研的道路上更上一层楼。感谢我亲密的搭档鄂嫚迪、张志坤,感谢我们共同分享研究、探讨数据处理方法、为彼此排忧解难、同进同退的日日夜夜。因为有你们在身边,我的博士生涯才有多般色彩。感谢同门的小伙伴顾芳、张柏薇、杨荣、马田园、张梦瀛、殷丹、高歌、杜鸿婕、王丽、朱彤彤、郭裕强,感谢大家在节假日为收集问卷奔走在沈阳、大连、长春、哈尔滨和石家庄的商场,是你们的默默付出和支持让我的博士道路更加顺畅。

"过去未去,未来已来。"

一路走来,磕绊跌撞,笑泪交替,我深知自己还有许多不足。学海无涯,惟勤是岸,幸好还有时间和机会继续学习和提升自己。感谢过去直面挫折的自己,愿我能把故事变成心事,再用心事激发斗志。

一切过往,皆为序章。心灯点亮,重新启航。从尖山星海而来,往去处而去……

周 晶

2024 年 12 月